AVANT-PROPOS

Même si l'homme y tient presque toujours un rôle, la nature sauvage en France est plus variée et plus étonnante qu'on ne le soupçonne. Vous aider à mieux connaître les paysages, les animaux qui y vivent, la flore remarquable, tel est le pari des guides « Belles Balades ». Nous avons sélectionné pour cela des itinéraires simples qui vous emmènent au cœur des sites les mieux préservés. Tendez l'oreille, scrutez le sol, levez la tête, respirez... Vous le constaterez bien vite : pour le marcheur averti, chaque sortie est une nouvelle aventure sur le territoire béarnais.

SOMMAIRE

LES BALADES

Carnet du naturaliste

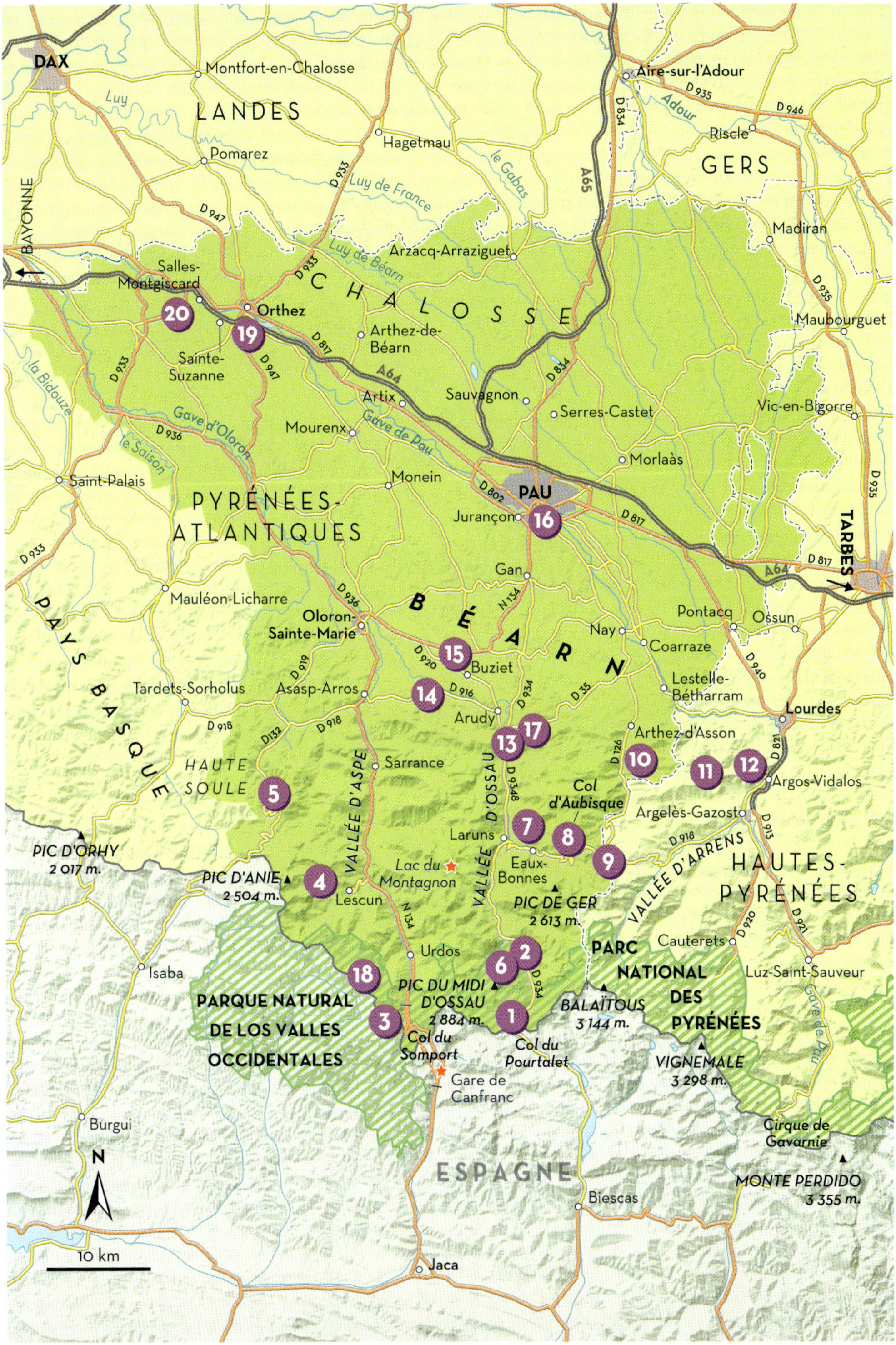

DAX
Montfort-en-Chalosse
Luy
LANDES
Aire-sur-l'Adour
D 935
Adour
D 946
D 834
Riscle
Hagetmau
Pomarez
GERS
D 933
Luy de France
le Gabas
A65
BAYONNE
D 947
Madiran
Arzacq-Arraziguet
Luy de Béarn
Salles-Montgiscard
D 933
CHALOSSE
D 935
Orthez
Maubourguet
20
19
Arthez-de-Béarn
D 817
Sainte-Suzanne
D 947
A64
D 834
D 933
la Bidouze
Artix
Sauvagnon
Gave d'Oloron
Serres-Castet
Vic-en-Bigorre
Mourenx
Gave de Pau
D 936
le Saison
Morlaàs
Saint-Palais
Monein
D 935
PAU
D 802
PYRÉNÉES-ATLANTIQUES
Jurançon
16
D 817
TARBES
D 933
D 817
Gan
A64
Mauléon-Licharre
D 936
N 134
BÉARN
Pontacq
Oloron-Sainte-Marie
Ossun
PAYS BASQUE
Nay
Coarraze
15
D 920
Buziet
D 919
D 940
Lestelle-Bétharram
Tardets-Sorholus
Asasp-Arros
14
D 916
D 35
D 934
Arudy
Lourdes
D 918
D 918
D132
17
13
Arthez-d'Asson
D 821
Sarrance
HAUTE SOULE
VALLÉE D'ASPE
D 126
10
11
12
D 934B
Argos-Vidalos
Col d'Aubisque
5
Argelès-Gazost
7
D 913
Laruns
8
D 918
PIC D'ORHY
2 017 m.
9
Eaux-Bonnes
VALLÉE D'OSSAU
HAUTES-PYRÉNÉES
Lac du Montagnon
PIC D'ANIE
2 504 m.
4
VALLÉE D'ARRENS
Lescun
PIC DE GER
2 613 m.
N 134
D 920
D 921
PARC NATIONAL DES PYRÉNÉES
Cauterets
Urdos
2
6
Isaba
Luz-Saint-Sauveur
18
D 934
PIC DU MIDI D'OSSAU
2 884 m.
PARQUE NATURAL DE LOS VALLES OCCIDENTALES
BALAÏTOUS
3 144 m.
3
1
Gave de Pau
Col du Somport
Col du Pourtalet
VIGNEMALE
3 298 m.
Gare de Canfranc
Cirque de Gavarnie
Burgui
N
ESPAGNE
MONTE PERDIDO
3 355 m.
Biescas
10 km
Jaca

COMMENT UTILISER LES GUIDES

Toutes les infos en un coup d'œil

DES PHOTOS
pour un premier aperçu de la balade.

LES HABITUÉS DES LIEUX
pour savoir quel animal vous aurez peut-être la chance de croiser !

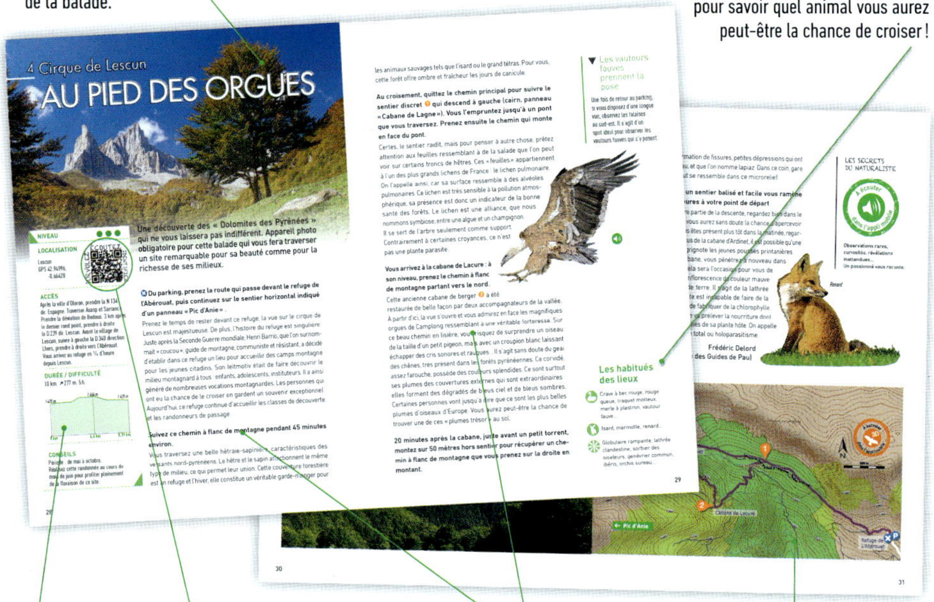

LE CARNET DE ROUTE
avec toutes les infos pratiques sur la balade (niveau, accès, difficultés…)

UN QR-CODE À FLASHER
pour accéder directement à la balade dans l'appli mobile BELLES **BALADES**. (Flashez le QR-code en choisissant dans le menu : « Scanner un livre Belles Balades ».)

SUIVEZ LE GUIDE
en gras les indications de direction ; le corps du texte vous donne explications et conseils d'observation.

UNE CARTE DÉTAILLÉE
afin de bien préparer son itinéraire. Localisez le point de départ, les points d'observation numérotés, et repérez les dénivelés grâce aux courbes de niveau.

LÉGENDE

CARTES

- Point de départ
- Point d'observation
- Monument religieux
- Monument
- Parking
- Point de vue

BALADES

Niveau de difficulté

- Adapté aux enfants (niveau facile et/ou observations aisées)
- ●○○ Facile
- ●●○ Moyen
- ●●● Difficile

Les Habitués des lieux

- Mammifères
- Oiseaux
- Reptiles / amphibiens
- Insectes
- Poissons
- Flore
- Champignons

BELLES **BALADES ?**

Une grande place laissée à l'image

PLEIN CHAMP
Une rubrique qui vous plonge au cœur du paysage. L'occasion d'en apprendre encore plus sur votre terrain de balade.

DES PLANCHES ILLUSTRÉES
Explications et illustrations pour mieux comprendre, espèce par espèce, les particularités de la faune et de la flore environnantes.

Reconnaître

LES MAMMIFÈRES DU BÉARN

Êtes-vous capable de répondre à la simple question : à quoi reconnaît-on un mammifère ? Et bien un mammifère c'est un animal à poils et à mamelles. Comme l'homme. Autres caractéristiques : les mammifères sont vivipares – leurs œufs sont à l'intérieur – et ils développent tous un instinct maternel. Enfin, ils n'ont généralement pas une bonne vue (sauf pour les félins) mais possèdent une ouïe et un odorat développés.

OURS BRUN

En grand danger d'extinction, l'ours des Pyrénées n'a cessé de voir chuter ses effectifs. Ils se comptent aujourd'hui sur les doigts de la main ! Cet imposant mammifère est l'un des derniers grands carnivores d'Europe. Sa nourriture est variée : des myrtilles aux charognes en passant par quelques isards, et parfois même des brebis. Ce qui lui a valu de tout temps les foudres des bergers. L'ours a été réintroduit dans deux vallées pyrénéennes durant ces dernières années mais déjà plusieurs d'entre eux ont été abattus par des braconniers. D'après les gardes de l'Office National de la Chasse, il y a bien longtemps que l'ours n'a pas fréquenté le Pays basque.

MARMOTTE

Ne ombre de rapace se dessine sur les pentes her - beuses. La marmotte aux aguets, dressée sur ses pattes arrière, émet des sifflements aigus pour aler - ter ses congénères... et la voici déjà rentrée dans son terrier. Celui-ci, généralement situé près d'un rocher, peut atteindre 3 m de profondeur et 10 m de long. Les marmottes vivent en petites colonies familiales et s'éloignent rarement de leur logis. Chaque clan délimite son territoire à l'aide d'odeurs perceptibles par les autres clans. Méfiantes à l'égard de leurs pré - dateurs naturels, les marmottes peuvent toutefois se laisser approcher, notamment dans les endroits où elle sont habituées à la présence des hommes.

ISARD

Les isards ne manquent pas de susciter l'admiration tant ils font preuve d'audace et d'adresse lorsqu'ils se déplacent parmi les rochers et les éboulis vertigineux. Ils évoluent le plus souvent en groupes. Les mâles sont plus discrets et plus solitaires, sauf au moment de la reproduction. En hiver, vous les observerez souvent sur les versants sud où la neige fond plus rapidement, ou bien dans les forêts où ils trouvent de la nourriture. En été, ils grimpent dans les alpages et stationnent parfois sur les plaques de neige pour se rafraîchir. Vous ne verrez des isards qu'en Haute- Soule même si quelques intrusions en Basse-Navarre sont parfois signalées.

DESMAN DES PYRÉNÉES

La trompe sans cesse en mouvement, le desman palpe de ses pattes et de son museau le fond des eaux pour y trouver sa nourriture favorite : les crevettes d'eau douce. C'est aux abords des ruisseaux, canaux ou torrents limpides, et surtout propres, que le desman passe sa vie. Nocturne, il est très difficile de le surprendre. Ses yeux sont tout petits (la taupe est sa plus proche cousine) mais il compense ce défaut par un sens tactile développé : ses pattes et ses moustaches le renseignent très précisément sur son environnement. Présent sur toute la façade nord des Pyrénées, le desman est malheureusement en régression.

Desman des Pyrénées

Marmotte

Ours des Pyrénées

Isard (chamois pyrénéen)

110

FACE À FACE
Une rencontre au plus près avec les animaux de la région, afin de mieux comprendre leurs habitudes et leur mode de vie.

Sur place, choisissez de vous faire guider par l'appli ou par le livre, les deux sont indépendants.

COMMENT UTILISER L'APPLI

Un guide entier dans votre téléphone

SOMMAIRE DES BALADES

Accessible par liste ou sur la carte de la région afin de localiser les balades à proximité.

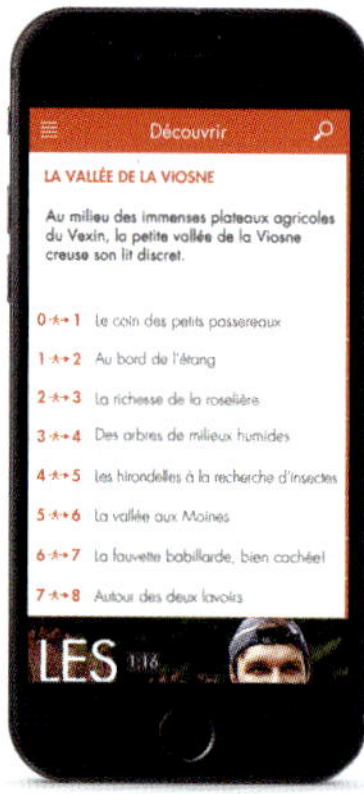

LE PARCOURS DÉTAILLÉ

Étape par étape, pour profiter de chaque point d'observation. Appuyez sur une étape pour en lire le descriptif.

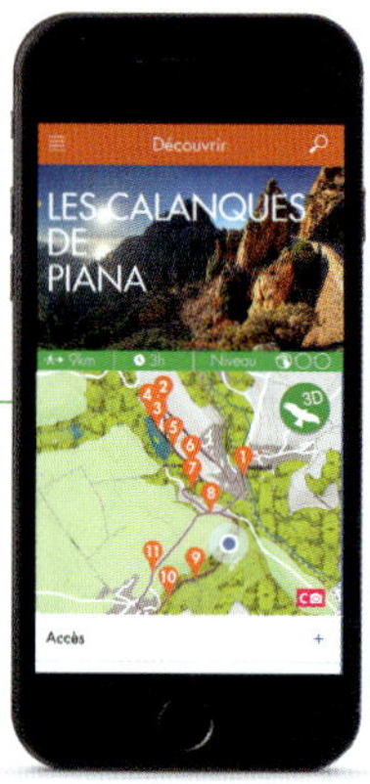

CARTE

Très précise, peut être zoomée avec deux doigts. Appuyez sur un numéro pour accéder au contenu d'une étape.

Appuyez sur 3D pour déclencher le survol (voir ci-contre).

LES HABITUÉS DES LIEUX

Une rubrique qui détaille tout ce qu'il faut savoir sur la faune et la flore des environs.

Sur place, choisissez de vous faire guider par l'appli ou par le livre, les deux sont indépendants.

BELLES **BALADES** ?

De nouvelles possibilités offertes

SURVOLEZ CHAQUE PARCOURS

Tous les itinéraires sont disponibles en animation 3D. Appréciez le relief, la végétation, la longueur du parcours… Comme si vous y étiez déjà !

ÉCOUTEZ LES CHANTS DES OISEAUX

NOUVEAU

« Flashez » le dessin d'un oiseau sur une page du livre. Son chant se déclenche instantanément. Fonctionne si le dessin est accompagné du symbole.

GÉOLOCALISEZ VOTRE POSITION

Grâce au GPS, trouvez le point de départ de la balade et situez-vous sur le parcours.

SAVOUREZ LES INTERVIEWS DES NATURALISTES

Observations rares, curiosités, révélations inattendues… Un passionné vous raconte ses secrets de naturaliste.

UTILISEZ L'APPLI MÊME SANS RÉSEAU

Téléchargez toutes les données avant votre départ et utilisez toutes les fonctionnalités de l'appli même sans réseau.

ACCÈS À L'APPLICATION MOBILE

Pour télécharger l'application BELLES BALADES, lisez le QR-code au dos de ce livre avec votre mobile. Sinon tapez « Belles Balades » sur l'App Store ou « Belles Balades Deluxe » sur Google Play.

Télécharger dans l'App Store

DISPONIBLE SUR Google Play

Pour toute question : contact@bellesbalades.com

AVANT DE PARTIR

Chiens « patous » : les bons gestes

Les balades de ce guide traversent des surfaces pâturées par les troupeaux, parfois gardés par des chiens de protection, dits « patous », pour limiter les attaques de loup. Attention, ce ne sont pas des chiens comme les autres, et même s'ils ne sont pas dressés pour attaquer, leur rôle est de dissuader. En cas de rencontre, il faudra adapter votre comportement. Autant que possible, essayez de contourner →

QUELQUES CONSEILS POUR UNE BALADE SANS SOUCI

Pour randonner en toute sérénité et en toute sécurité : **renseignez-vous sur l'itinéraire et les prévisions météo**. Orage et brouillard peuvent apparaître rapidement. Service météo : 08 92 68 02 15 ou www.meteofrance.com

Si l'orage menace, quittez les sommets et lignes de crête. Cherchez un abri en évitant les arbres isolés ou les rochers qui attirent la foudre.

Évitez de partir seul. Mais si tel est le cas, communiquez des indications précises sur votre sortie à venir (itinéraire, horaires).

Restez bien sur les sentiers. Si votre itinéraire emprunte une portion routière, prudence ! Marchez en file face à la circulation.

Certains itinéraires traversent des propriétés privées dont les accords de passage pour les randonneurs ont été négociés avec les

propriétaires. Veillez à bien respecter les lieux et notamment à refermer les clôtures ou les portails après la traversée des pâtures. Un comportement non respectueux et/ou non adapté de votre part entraînerait votre responsabilité ainsi que la suppression du passage consenti pour les randonneurs.

N'abandonnez aucun détritus. Même le déchet le plus anodin peut polluer de manière durable, intoxiquer ou blesser les animaux. Utilisez un sac que vous rapporterez avec vous.

Sachez **évaluer vos capacités physiques**, notamment pour les balades à fort dénivelé.

Respectez les milieux. Certaines zones protégées telles que parc national ou parc naturel régional font l'objet de restrictions. Prenez le temps de lire les panneaux d'information.

Les sources sont rares. Pensez à emporter de l'eau.

→ le troupeau. Si les chiens se dirigent vers vous, restez calme, arrêtez-vous, faites leur face sans les fixer et utilisez votre voix afin de les rassurer. Les chiens se calmeront alors d'eux-mêmes et vous pourrez passer votre chemin tranquillement.

Numéros d'urgence : 18 ou 112*
(*depuis un téléphone portable).

Si votre chien vous accompagne, tenez-le en laisse à l'approche des troupeaux. Sa présence peut être perçue comme un danger et rendre les bêtes très agressives.

1 Cirque d'Anéou

AU PAYS DES MARMOTTES

NIVEAU ●○○

LOCALISATION

Laruns
GPS 42.8153,
-0.41797

ÉCOUTEZ SURVOLEZ IDENTIFIEZ

ACCÈS

Depuis Laruns, remonter la vallée d'Ossau par la D934 dir. col du Pourtalet, traverser les villages d'Eaux-Chaudes, de Gabas. 20 min. après Gabas, parking de l'Araille situé à 1,5 km de la frontière espagnole.

DURÉE / DIFFICULTÉ

5,8 km. ↗218 m. 3 h 30.

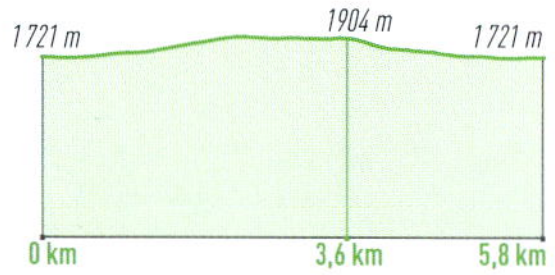

CONSEILS

Observations à toutes les saisons : l'hiver pour les oiseaux migrateurs, le printemps pour les orchidées et amphibiens, l'été pour les libellules et papillons.
Jumelles ou longue-vue indispensables pour observer les oiseaux des buissons et prairies, car plusieurs espèces nicheuses (comme le courlis) sont très sensibles au dérangement !

Par beau temps, vous contemplerez des marmottes à foison dans le cirque d'Anéou. Ce haut lieu du pastoralisme ossalois abrite chevaux, brebis et vaches. Il faudra aussi lever les yeux au ciel pour observer de nombreux oiseaux.

✖ Du parking, suivez la piste qui se dirige vers le centre pastoral.

Vous pénétrez dans le Parc national des Pyrénées. Ce parc a été créé en 1967 et son emblème est l'isard, mais il abrite un grand nombre d'autres espèces : le bouquetin (réintroduit depuis 2014), le coq de bruyère, l'ours, le desman des Pyrénées, le gypaète barbu et bien d'autres. Nous y trouvons également environ 200 espèces végétales endémiques.

Juste après le centre pastoral, à la bifurcation entre deux pistes, prenez celle de gauche. Ne suivez pas le chemin indiqué « refuge de Pombie ».

Ce centre pastoral abrite de juillet à septembre cinq ou six bergers s'occupant de troupeaux de 300 à 600 brebis chacun. Les brebis passent l'été à brouter la bonne herbe des estives. Après deux traites dans la journée, une le matin et une le soir, les bergers confectionnent un fromage de brebis de grande qualité parfumé à la flore locale.

Sur le plateau ①, prenez tout droit la piste enherbée et laissez celle de droite qui part vers une cabane de berger.

À partir d'ici, le chemin commence à monter, et au bout de quelques minutes, vous pouvez observer vos premières marmottes près des rochers sur la droite. La marmotte a été réintroduite dans les Pyrénées en 1948. Comme tous les rongeurs, la croissance de ses incisives est continue, elle doit donc passer du temps à manger feuilles, racines, tiges et fleurs. Elle apprécie les versants ensoleillés, mais vous ne la croiserez pas les jours de forte canicule. Si vous ne parvenez pas à l'apercevoir, vous risquez en revanche d'entendre son cri d'alerte très aigu. Si elle crie plusieurs fois, c'est sans doute pour vous ou un autre congénère bipède... En revanche, si c'est un seul cri bref et puissant, levez vite les yeux, l'aigle royal, son principal prédateur, n'est peut-être pas loin...

Après la montée, au point indiqué 1910 mètres, vous arrivez sur un replat. Prenez à droite une sente discrète partant vers le nord

Sur ce petit plateau, vous verrez peut-être des boutis : ce sont de grosses mottes de terre retournées qui sont l'indice de présence du sanglier. Effectivement, la nuit, les sangliers sortent des bois, leur refuge durant la journée, et viennent retourner la terre sur les estives à la recherche de vers, larves, racines et bulbes.

Au petit col ❷, partez plein nord et ne suivez pas le sentier à droite qui vous y invite pourtant.

Vous passez à côté d'un petit gouffre ❸ que l'on contourne par la droite. Arrêtez-vous un instant, et vous observerez vraisemblablement des allers-retours du chocard à bec jaune qui fréquente cette cavité. Ce corvidé, très adapté à la haute montagne, est un virtuose du vol acrobatique. Il est sédentaire et vit en petites colonies. On le trouve dans des milieux ouverts, en vol ou posé

Attention bétail

Durant toute la randonnée, vous pouvez croiser des troupeaux d'animaux domestiques (brebis, vaches et chevaux). Ne cherchez pas à les approcher ou à les caresser, pensez plutôt à les contourner. Un chien de surveillance, comme le Patou n'est peut-être pas loin, et une ruade d'un cheval n'est pas exclue.

Chocard à bec jaune

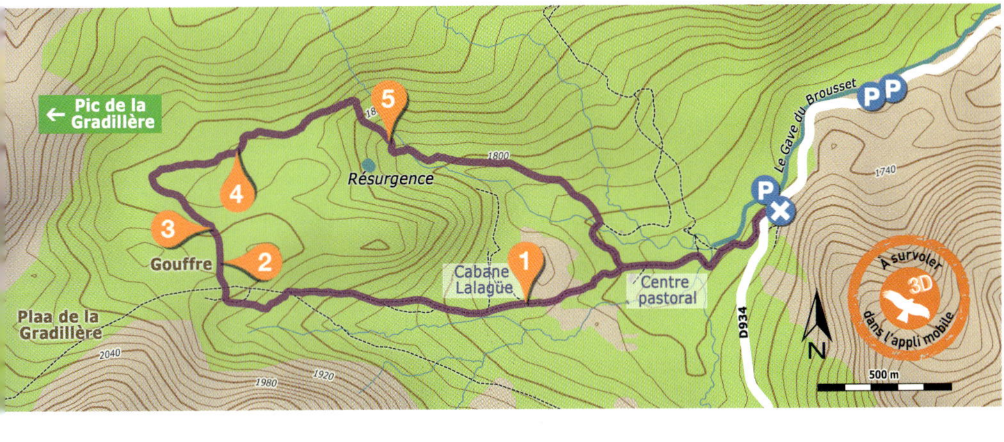

Que veut dire Anéou ?

Cela signifie neige en patois local. Effectivement, de novembre à avril, la neige est très présente dans ce cirque où raquetteurs et skieurs de randonnée se régalent. La protection du Parc national des Pyrénées et des écologistes a permis d'éviter un projet de station de ski dans les années 1975.

au sol à la recherche d'insectes, araignées ou vers de terre. Son cri est caractéristique.

Vous arrivez sur le plaa de la Gradillère, vous remontez le petit torrent (parfois à sec l'été) pour le traverser à 1 900 mètres. Vous poursuivez votre chemin rive gauche jusqu'aux rochers isolés 4. Depuis ces rochers, partez sur la gauche hors sentier vers un collet.

Si vous êtes muni de jumelles ou d'une longue vue, il faudra bien regarder les pentes du pic de la Gradillère ou les autres pentes rocailleuses d'altitude, vous aurez peut-être la chance d'observer quelques isards. L'isard, c'est notre chamois des Pyrénées ! Il a des qualités athlétiques exceptionnelles, il est par exemple capable de grimper 1 000 mètres de dénivelé en un quart d'heure... Cet animal vit en harde (groupe de plusieurs individus) souvent composée de femelles avec leurs jeunes, les mâles étant plutôt solitaires. Tout ce monde se regroupe en novembre, quand la période de rut commence. À ce moment-là, il n'est pas rare d'observer des poursuites spectaculaires entre deux mâles.

Marmotte

Vue depuis le col d'Anéou

Du collet, partez hors sentier sur la gauche afin de gagner une croupe (contraire du vallon) herbeuse que l'on descend jusqu'à un torrent.

Au torrent, si vous le souhaitez, remontez 5 minutes à pied pour aller voir une très belle résurgence 5 (eau souterraine qui sort à la surface). Au niveau de la résurgence ou dans les zones calmes du torrent, prenez le temps de bien regarder sur les fonds gris sablonneux. Vous pourrez peut-être y trouver le calotriton ou euprocte des Pyrénées. Cet amphibien, endémique des Pyrénées, affectionne les rivières à faible courant et peu profonds de 800 à 2 000 mètres d'altitude (parfois jusqu'à 2 600 mètres). Il vit très longtemps, jusqu'à 20 ans, et hiberne dans des trous le long de la berge. Si vous le voyez, prenez plaisir à l'observer, mais ne le sortez pas de l'eau.

Vous suivez ensuite le sentier rive gauche du torrent jusqu'à un pont que vous traversez. Vous rejoignez alors le chemin du retour.

Frédéric Delord (Bureau des Guides de Pau)

Les habitués des lieux

Rougequeue, alouette des champs, traquet motteux, cincle plongeur, vautour fauve, chocard à bec jaune

Marmotte, isard, renard, campagnol des neiges, hermine…

Iris des Pyrénées, cirse laineux, panicaut de Bourgat, carline…

LES MARMOTTES

se nourrissent souvent debout. Ainsi, elles peuvent rester vigilantes et surveiller l'approche de prédateurs ! Elles adoptent fréquemment cette position d'assise, qui assure leur protection. Toujours sur le qui-vive, leur excellente vue leur permet de détecter des mouvements anormaux, même éloignés. Un sifflement d'alerte, et tout le monde se met à l'abri !

2 Artouste

LA CABANE DE CHÉRUE

NIVEAU ●●○

LOCALISATION

Laruns
GPS 42.88053,
-0.40409

ÉCOUTEZ SURVOLEZ IDENTIFIEZ

ACCÈS
À la sortie de Laruns, au carrefour, prendre la D 934 dir. Espagne et Artouste. Après le barrage de Fabrèges, petit parking sur la droite pour stationner. Départ du sentier au parking.

DURÉE / DIFFICULTÉ
6 km. ↗ 494 m. 3 h 30. Balisage de trail en complément de la signalétique du Parc national des Pyrénées.

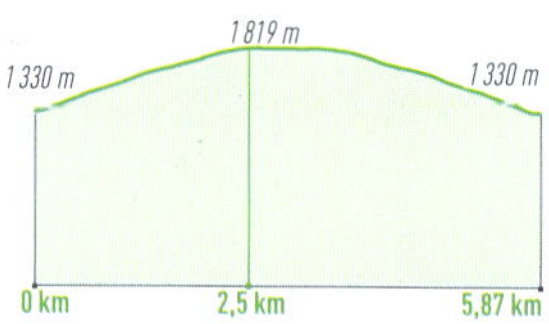

Ici, c'est une immersion sensible dans la forêt... Se laisser surprendre par le cri du pic noir, par la puissance tortueuse des vieux arbres, par les senteurs subtiles d'humus... Puis à la sortie du bois, la cabane pastorale de Chérue a comme des airs de petite maison dans la prairie.

Le sentier s'élève en lacets au-dessus du parking, un panneau du Parc national des Pyrénées indique « Cabane de Chérue 2 h ». Au niveau de la fin de la clôture en bois guidant les troupeaux, prenez le sentier de droite indiqué par les cairns posés sur deux rochers et non celui en face qui est plus large... mais bien plus raide !

Tout au long de la montée, les hêtres et les sapins au sol ou sur pied sont souvent constellés de trous ①. Qui s'attaque ainsi furieusement au bois ? Un tambourinage sonore ou un cri plaintif, aigu et long surprendra sûrement le calme apparent de la forêt. C'est le pic noir qui est ce sculpteur efficace. Il cherche des larves d'insectes sous l'écorce ou creuse patiemment son nid dans le bois mort. Ces petites cavités pourront être utilisées ensuite par d'autres habitants de la forêt : écureuil, martre, chouette de Tengmalm, chauves-souris...

❷ Les lacets s'enchaînent, préférez toujours le sentier qui s'élève le moins et non les sentiers qui coupent les lacets.

Des vielles souches aux formes les plus étranges parsèment le chemin. Arrêtez-vous auprès d'une de ces souches pour repérer quelques insectes xylophages, véritables recycleurs de matière organique. Si la rosalie des Alpes est présente, vous ne pourrez pas passer à côté ! Ce coléoptère gris-bleu taché de noir porte des antennes bleues plus longues que son corps, soit près de 4 cm pour les plus grands !

Après 1h15 de montée, vous atteignez le ruisseau, que vous traversez.

❸ À ce niveau, la prairie humide luxuriante a des airs de végétation tropicale, c'est la mégaphorbiaie ! Laitue de plumier, aconit de napel, pimprenelle, epilobe, menthe aquatique, parnassie des marais, sorbiers, saules poussent densément... Mais votre regard sera rapidement attiré par les framboisiers... et les framboises si vous passez au bon moment !

Après deux lacets, vous atteignez une prairie qui annonce bientôt la fin de la forêt.

❹ Ici, des sorbiers des oiseleurs et des alisiers blancs, en lisière de prairie, constituent le garde-manger des oiseaux frugivores du secteur. Leurs grappes de fruits sont en effet conservées longtemps dans la ramure. Le sanglier laisse ici régulièrement les traces de son passage. De son groin, il laboure la prairie (boutis) à la recherche de vers, tubercules, racines, insectes... Un peu plus bas, quelques cuvettes boueuses bordées d'empreintes bien dessinées (souilles) confirment des bains répétés.

Le sentier s'ouvre sur l'estive. Après un dernier lacet, la cabane de Chérue apparaît au milieu de la prairie.

Voici des myrtilles à grappiller à loisir au milieu des beaux iris des Pyrénées et des grandes gentianes jaunes. Devant la cabane, un abreuvoir permet un rafraîchissement bienvenu ! Elle est ouverte et accueille les randonneurs en cas de mauvais temps (5 couchages, 1 table, 2 bancs). Ouvrez les yeux ! Ici, outre les troupeaux de vaches ou de brebis, l'isard est fréquemment observé. Avant la création du Parc national des Pyrénées en 1967, une réserve de chasse préservait déjà cette espèce devenue emblème du

CONSEILS

Printemps, été automne. En été, le faible nombre de places sur le parking incitera à un départ matinal. En hiver, le sentier sera enneigé. Site idéal pour assister au rut de l'isard (mi-novembre, début décembre).

▲ Pourquoi le pic noir n'a pas mal à la tête ?

Le pic frappe le tronc à une vitesse de 15 à 20 coups par seconde, à raison de 6 tambourinages par minute soit un minimum de 500 coups par jour. Pour éviter les lésions cérébrales, le cerveau est étroitement emballé dans la boîte crânienne pour éviter d'être ballotté à l'impact.

Les hêtres ont-ils la varicelle ?

Des petites boules pointues jaunes, verdâtres ou rosées décorent les feuilles plus ou moins densément suivant les arbres... Il s'agit d'une galle ! Un moucheron appelé cécidomyie du hêtre pond ses œufs sur les feuilles.

Un trèfle ? Non, de l'oxalis !

La « petite oseille » se reconnaît à ses trois feuilles en forme de cœur, à ses petites fleurs striées de violet. Vous serez surpris par son goût citronné proche de l'oseille, amenant une petite touche rafraîchissante lors de la randonnée. Attention cependant, à ne pas en abuser.

Parc. Des terriers de marmottes attestent de la présence de celle qui donnera sûrement l'alerte de votre présence à toute la communauté...

Empruntez le sentier au-dessus du captage de la source derrière la cabane afin de rejoindre l'ancienne cabane ruinée. En restant à flanc, plein est, vous traversez deux ruisseaux à sec en fin de saison, puis vous rejoignez la crête en 10 minutes depuis la cabane 5.

Sur ce promontoire, votre regard embrasse un large panorama. Sur le versant d'en face, le pic du Lurien (2826 m) trône au-dessus du lac de Fabrèges et des installations d'Artouste. Un peu plus loin, le pic de Cézy (2209 m) et la Petite Arcizette (2293 m) avec leurs parois calcaires blanches se distinguent au nord.

Hêtraie

Un grand rapace dans le ciel ? Le vautour fauve aux longues ailes rectangulaires et aux plumes au bout des ailes bien découpés s'élève dans les ascendances formées par l'air réchauffé par les crêtes rocheuses. Il est ici fréquemment observé. Quant au discret vautour percnoptère avec son plumage contrasté blanc et noir et au grand gypaète barbu avec sa longue queue noire, leur observation sera bien plus aléatoire. Il se pourrait aussi que l'apparition furtive de l'aigle royal et son plumage sombre, ou le vol stationnaire du circaète Jean-le-Blanc et son plumage blanc strié de noir vienne troubler le calme de votre contemplation d'altitude...

La descente s'effectue par le même sentier. Attention toutefois, prenez bien à gauche systématiquement, pour suivre les lacets.

Gwénaëlle Plet (D'une montagne à l'autre)

▼ Isard mâle ou femelle ?

On peut les distinguer selon la taille et la forme de leurs cornes, mais le mieux pour les identifier reste de les observer lorsqu'ils se mettent à uriner. Le mâle est dressé et urine en avant alors que la femelle est accroupie et urine en arrière !

Isard

Les habitués des lieux

- Pic noir, sittelle torchepot, mésanges en forêt et vautour fauve, traquet motteux...
- Cerf, chevreuil, sanglier, Isard, marmotte, renard, sanglier, martre...
- Salamandre tachetée, lézard des murailles...
- Rosalie alpine, carabe resplendissant, papillon Apollon...
- Aspérule odorante, oxalis, aconit de napel, iris des Pyrénées, grande gentiane jaune...

3 Lac d'Estaens

MONTAGNE HAUTE EN COULEURS

NIVEAU ●●●

LOCALISATION
Borce/Urdos
GPS 42.81406, -0.57995

ÉCOUTEZ – SURVOLEZ – IDENTIFIEZ

ACCÈS
Depuis Urdos, prendre la N 134 direction Huesca/Saragosse. Après quelques kilomètres, tourner à droite sur D 439 « Les Forges d'Abel ». Au carrefour, tourner à gauche sur le petit pont. Se garer à la seconde centrale . Il est aussi possible de se garer un peu plus haut.

DURÉE / DIFFICULTÉ
9,5 km. ↗ 615 m. 4 h 30.

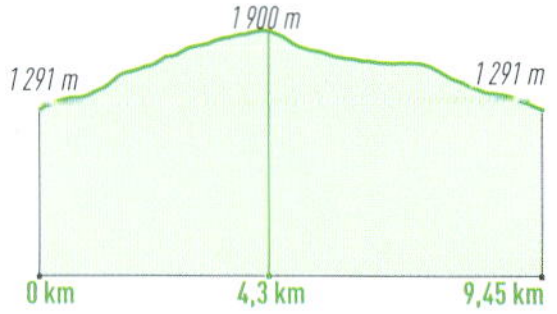

Le lac d'Estaens, avec sa couleur azur, détonne sur cette prairie verte et une terre rouge. Des insectes tous plus colorés les uns que les autres survolent ce paysage et la course des isards ajoute à l'ensemble une dimension sauvage.

⊗ L'itinéraire commence au sentier qui est juste au-dessus de la centrale électrique. Il traverse un bois puis rejoint le parking d'Espelunguère, où les plus intrépides se seront garés. Au parking, prenez le sentier qui est sur la gauche. Il vous fait monter dans la forêt et passer à côté d'une cascade ❶.
Si vous vous rapprochez de la cascade, vous verrez déjà que le fond de l'eau est de couleur rougeâtre. Vous allez vite vous rendre compte qu'il s'agira d'une couleur récurrente lors de cette randonnée. La mésange noire chante longuement dans la hêtraie. Elle est typique des montagnes et on l'observe facilement. Elle côtoie le roitelet huppé, minuscule oiseau, le plus petit d'Europe !

Sorti du bois, il vous faut longer la rivière puis la traverser au niveau d'un pont. Le sentier continue vers la droite. Puis

un petit panneau, tenu par des cailloux, indique « Estaens ». Suivez-le en montant dans le bois sur la gauche. On observe un changement des espèces d'arbres. Les bouleaux sont beaucoup plus nombreux et se mêlent aux hêtres. La montée est un peu rude, mais vous êtes vaillant ! Vous arrivez à une cabane ❷ avec un beau point de vue sur toute la vallée.
Sur les bords de sentier et dans les prairies, de nombreux insectes butinent dans les fleurs. Parmi les papillons, le cuivré de la verge d'or se distingue par sa couleur orange, quasiment brillante. De petits coléoptères sont aussi présents dans les fleurs, qui leur servent d'habitat. Ils ne s'en éloignent que très rarement. Les abeilles et les bourdons, eux, voyagent de fleur en fleur beaucoup plus rapidement à la recherche de nectar.

Le sentier sort peu à peu du bois puis à flanc de pente. Vous passez ensuite sur des passages vertigineux ❸, qui peuvent être impressionnants. Ils sont sécurisés, mais pourront vous procurer une petite montée d'adrénaline. Mieux vaut ne pas avoir le vertige.

CONSEILS

Cet itinéraire traverse une frontière. Certains passages sont au bord du vide, et il y a deux échelles à monter.
Les fins de journée sont idéales en été pour observer les isards. Les petits sont facilement observables à cette période. Évitez les mois d'octobre et novembre à cause de la chasse.

Pourquoi la terre est-elle rouge ?

Ici, les roches sont riches en fer. En s'oxydant, elles créent cette couleur rouge si particulière. Elle est surtout visible à l'endroit où il y a le moins de végétation, par exemple au bord du lac ou sur des falaises escarpées.

Vue sur la vallée

Les habitués des lieux

- Percnoptère d'Égypte, faucon pèlerin, crave à bec rouge, chocard à bec jaune, vautour fauve, grand corbeau, aigle royal, hirondelle de rochers, traquet motteux, pipit spioncelle...
- Isard, chevreuil, marmotte, renard, sanglier...
- Papillons (apollon, cuivré de la verge d'or, azurés, moirés), sauterelles, criquets, abeilles et bourdons, coléoptères, libellules (aeschnes, sympétrums)...

Au-dessus de vous, les falaises sont idéales pour la nidification du crave à bec rouge. C'est un corvidé spécialiste des milieux accidentés. On le retrouve surtout en montagne, mais aussi sur certaines falaises bretonnes. Il a un cri caractéristique, vous l'entendrez avant même de le voir.
L'hirondelle de rochers habite également ces falaises et, de ce fait, porte bien son nom. Comme le crave, elle est typique de ce milieu. C'est la seule espèce d'hirondelle qui reste en France en hiver, les autres partent toutes pour l'Afrique. Cependant, elle descend à des altitudes plus clémentes à la mauvaise saison.

Après une petite échelle, vous arrivez au lac d'Estaens 4. Longez le lac sur sa rive droite, celle par laquelle vous êtes arrivés. Vous devez récupérer le sentier qui est à l'autre extrémité de cette rive (nord-ouest du lac).

Il est fréquent d'observer le faucon pèlerin au-dessus du lac. Il essaie de repérer des oiseaux migrateurs qui se seraient arrêtés pour faire une halte. Une fois la cible en vue, il fondra sur elle à toute vitesse pour la prendre par surprise. Un autre rapace vient souvent aux abords du lac, pour s'abreuver : c'est le vautour percnoptère. Avec son plumage blanc et noir caractéristique, et sa face jaune, il est difficile à confondre. C'est le plus petit des vautours mais il n'en reste pas moins un charognard. Dans les prairies, un grand papillon avec quatre taches rouges attire l'attention. C'est l'apollon. Il est protégé nationalement, en raison de sa raréfaction.

Une fois que vous avez rejoint le sentier (marqué par des cairns), vous devez passer une clôture grâce à un petit pont. Cette clôture signale l'emplacement de la frontière avec l'Espagne. Vous entrez donc dans ce pays, mais ne sortez pas encore les tapas, la randonnée n'est pas finie. Vous passez par un petit col ❺, qui vous donne une jolie vue d'ensemble de la vallée espagnole en contrebas, et du *Puerto de Escalé*.

Les pierriers que vous traversez sont idéaux pour les marmottes. Bien souvent, elles surprennent par leur taille. On les imagine plus petites qu'elles ne le sont. Avant l'hiver, la marmotte va faire des réserves de graisse et de nourriture. Elle peut perdre la moitié de son poids pendant l'hibernation. L'été, elle est la proie du renard, qui doit redoubler de ruse pour tromper sa vigilance.

Continuez le sentier sur un peu plus d'un kilomètre, jusqu'à arriver à un croisement de sentiers. Dirigez-vous vers la droite, vers « *el paso d'Escalé* ».

Le plateau que vous traversez abrite de grands troupeaux de vaches, qui transhument ici chaque été. Elles permettent de maintenir un milieu ouvert, tandis que l'agriculteur économise des denrées. C'est le pastoralisme. Les vaches cohabitent avec les isards, qui descendent sur le plateau en soirée pour pâturer. Ils se déplacent en troupeau comme les vaches, mais sont beaucoup plus agiles. Les petits peuvent être victimes d'une attaque d'aigle royal, qui attend le moment où la mère se sera éloignée pour fondre sur sa proie. Un aigle peut facilement transporter un jeune isard jusqu'à son nid.

Le col de l'Escalé ❻ est marqué par une nouvelle clôture. Vous êtes revenu en France, sortez les baguettes ! Suivez le sentier sur la gauche, qui redescend dans la forêt.

On entend parfois dans la forêt des hurlements très inquiétants. Pas de panique, ce n'est que le chevreuil, dont l'allure est bien plus élégante que le cri.

Après la forêt, vous allez passer devant une cabane de berger ❼. Attention aux patous des Pyrénées, gardiens des troupeaux. Rejoignez la piste et descendez-la. Vous devez reconnaître la rivière en contrebas, descendez vers la droite pour retrouver le sentier du début de randonnée et suivez-le jusqu'au parking.

Sébastien Arriubergé

Pastoralisme

Le pastoralisme est un type d'agriculture très ancien. Il consiste à laisser des troupeaux en semi-liberté dans des vastes zones de prairies. Il est ici encore très pratiqué, le fromage est souvent fabriqué dans les cabanes. Les animaux sont équipés de sonnailles ce qui permet de mieux les retrouver.

Le vautour percnoptère, un rapace menacé

Ce vautour a vu ses effectifs chuter drastiquement depuis le milieu du XXe siècle. En cause, les pesticides, la chasse, la pollution. La France ne compte qu'une centaine de couples de percnoptères. Ils sont bien plus communs en Espagne, qui abrite plus de 1 000 couples.

LA GARE DE CANFRANC,

perchée à 1 200 mètres d'altitude sur le versant espagnol, se situe à seulement quelques kilomètres des Pyrénées béarnaises. Sa démesure (dimensions comparables à celles de la gare Saint-Lazare), son style Art déco et surtout son abandon pendant près de 50 ans en ont fait un lieu mythique d'exploration urbaine. Un projet de réhabilitation est en cours.

4 Cirque de Lescun

AU PIED DES ORGUES

NIVEAU ●●●

LOCALISATION

Lescun
GPS 42.94996,
-0.66428

ÉCOUTEZ
SURVOLEZ
IDENTIFIEZ

ACCÈS

Après la ville d'Oloron, prendre la N 134 dir. Espagne. Traverser Asasp et Sarrance. Prendre la déviation de Bedous. 3 km après le dernier rond point, prendre à droite la D 239 dir. Lescun. Avant le village de Lescun, suivre à gauche la D 340 direction Lhers, prendre à droite vers l'Abérouat. Vous arrivez au refuge en ¼ d'heure depuis Lescun.

DURÉE / DIFFICULTÉ

8,5 km. ↗277 m. 5 h.

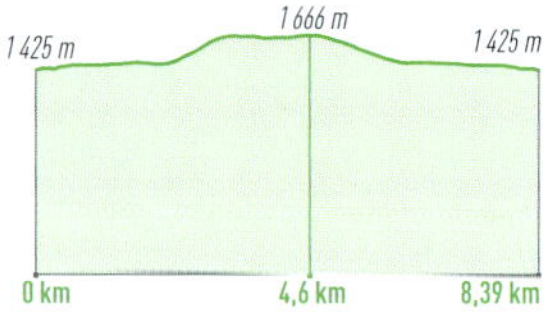

CONSEILS

Période : de mai à octobre.
Réalisez cette randonnée au cours du mois de juin pour profiter pleinement de la floraison de ce site.

Une découverte des « Dolomites des Pyrénées » qui ne vous laissera pas indifférent. Appareil photo obligatoire pour cette balade qui vous fera traverser un site remarquable pour sa beauté comme pour la richesse de ses milieux.

Du parking, prenez la route qui passe devant le refuge de l'Abérouat, puis continuez sur le sentier horizontal indiqué d'un panneau « Pic d'Anie » .

Prenez le temps de rester devant ce refuge, la vue sur le cirque de Lescun est majestueuse. De plus, l'histoire du refuge est singulière. Juste après la Seconde Guerre mondiale, Henri Barrio, que l'on surnommait « coucou », guide de montagne, communiste et résistant, a décidé d'établir dans ce refuge un lieu pour accueillir des camps montagne pour les jeunes citadins. Son leitmotiv était de faire découvrir le milieu montagnard à tous : enfants, adolescents, instituteurs. Il a ainsi généré de nombreuses vocations montagnardes. Les personnes qui ont eu la chance de le croiser en gardent un souvenir exceptionnel. Aujourd'hui, ce refuge continue d'accueillir les classes de découverte et les randonneurs de passage.

Suivez ce chemin à flanc de montagne pendant 45 minutes environ.

Vous traversez une belle hêtraie-sapinière, caractéristiques des versants nord-pyrénéens. Le hêtre et le sapin affectionnent le même type de milieu, ce qui permet leur union. Cette couverture forestière est un refuge et l'hiver, elle constitue un véritable garde-manger pour les animaux sauvages tels que l'isard ou le grand tétras. Pour vous, cette forêt offre ombre et fraîcheur les jours de canicule.

Au croisement, quittez le chemin principal pour suivre le sentier discret 1 qui descend à gauche (cairn, panneau « Cabane de Lagne »). Vous l'empruntez jusqu'à un pont que vous traversez. Prenez ensuite le chemin qui monte en face du pont.

Certes, le sentier raidit, mais pour penser à autre chose, prêtez attention aux feuilles ressemblant à de la salade que l'on peut voir sur certains troncs de hêtres. Ces « feuilles » appartiennent à l'un des plus grands lichens de France : le lichen pulmonaire. On l'appelle ainsi, car sa surface ressemble à des alvéoles pulmonaires. Ce lichen est très sensible à la pollution atmosphérique, sa présence est donc un indicateur de la bonne santé des forêts. Le lichen est une alliance, que nous nommons symbiose, entre une algue et un champignon. Il se sert de l'arbre seulement comme support. Contrairement à certaines croyances, ce n'est pas une plante parasite.

Vous arrivez à la cabane de Lacure : à son niveau, prenez le chemin à flanc de montagne partant vers le nord.

Cette ancienne cabane de berger 2 a été restaurée de belle façon par deux accompagnateurs de la vallée. À partir d'ici, la vue s'ouvre et vous admirez en face les magnifiques orgues de Camplong ressemblant à une véritable forteresse. Sur ce beau chemin en lisière, vous risquez de surprendre un oiseau de la taille d'un petit pigeon, mais avec un croupion blanc laissant échapper des cris sonores et rauques… Il s'agit sans doute du geai des chênes, très présent dans les forêts pyrénéennes. Ce corvidé, assez farouche, possède des couleurs splendides. Ce sont surtout ses plumes des couvertures externes qui sont extraordinaires : elles forment des dégradés de bleus ciel et de bleus sombres. Certaines personnes vont jusqu'à dire que ce sont les plus belles plumes d'oiseaux d'Europe. Vous aurez peut-être la chance de trouver une de ces « plumes trésor » au sol.

20 minutes après la cabane, juste avant un petit torrent, montez sur 50 mètres hors sentier pour récupérer un chemin à flanc de montagne que vous prenez sur la droite en montant.

Les vautours fauves prennent la pose

Une fois de retour au parking, si vous disposez d'une longue vue, observez les falaises au sud-est. Il s'agit d'un spot idéal pour admirer les vautours fauves qui s'y posent.

Les habitués des lieux

Crave à bec rouge, rouge queue, traquet motteux, merle à plastron, vautour fauve…

Isard, marmotte, renard…

Globulaire rampante, lathrée clandestine, sorbier des oiseleurs, genévrier commun, ibéris, orchis sureau…

Safran ou colchique ?

Le safran (à fleur nue) et le colchique (d'automne) sont deux fleurs roses ou violettes en floraison dès la fin d'été jusqu'à l'automne.
Pour les différencier, il faudra se mettre à genoux et compter les étamines.
6 étamines : c'est le colchique
3 étamines : c'est le safran.

Sur ce chemin en balcon, sur une pierre, vous pouvez tomber sur une crotte cylindrique de 4 ou 5 cm de longueur avec des poils, et de couleur mauve. Il y a de grandes chances que ce soit le renard qui ait marqué son territoire après s'être délecté de myrtilles. Au-dessus du sentier, vous pouvez également rencontrer le rhododendron ferrugineux, qui porte ce nom, car l'envers de ses feuilles est de couleur rouille. Cette plante, de la famille des Éricacées, est très sensible au froid. Mais alors, pourquoi la trouvons-nous toujours sur les versants exposés au nord ? Tout simplement parce que la neige (qui reste plus longtemps en versant nord) va la protéger du gel et des intempéries.

3 Vous arrivez à la cabane du Cap de la Baigt, vous avez alors deux options : vous pouvez monter une demi-heure en direction du « Pas d'Azun » (panneau indicateur), ou descendre à l'Abérouat par le chemin balisé en rouge et blanc.

Vous pouvez remplir votre gourde à l'abreuvoir à côté de la cabane, mais de juillet à septembre, mieux vaut laisser tranquille la bergère et sa famille qui ont besoin d'un peu d'intimité. La montée au Pas d'Azun 4 n'est pas compliquée, mais ne l'entreprenez que par bonne météo, et si vous êtes encore en pleine forme. Là-haut, quel spectacle ! Vous verrez le rayonnant massif calcaire du pic d'Anie.

Orgues de Camplong

Il surplombe une formation de fissures, petites dépressions qui ont été creusées par l'eau, et que l'on nomme lapiaz. Dans ce coin, gare au brouillard, car tout se ressemble dans ce microrelief.

Depuis la cabane, un sentier balisé et facile vous ramène en deux petites heures à votre point de départ

Dans la toute première partie de la descente, regardez bien dans le petit vallon à droite et vous aurez sans doute la chance d'apercevoir des marmottes. Si vous êtes présent plus tôt dans la matinée, regardez les pentes au-dessus de la cabane d'Ardinet, il est possible qu'une petite harde d'isards grignote les jeunes pousses printanières. Au niveau de cette cabane, vous pénétrez à nouveau dans la hêtraie-sapinière. Cela sera l'occasion pour vous de chercher un groupe d'inflorescence de couleur mauve qui sort directement de terre. Il s'agit de la lathrée clandestine. Cette plante est incapable de faire de la photosynthèse et donc de fabriquer de la chlorophylle. Grâce à des suçoirs, elle va prélever la nourriture dont elle a besoin sur les racines de sa plante hôte. On appelle cette action parasitisme total ou holoparasitisme.

Frédéric Delord
(Bureau des Guides de Pau)

Renard

LES SECRETS
DU NATURALISTE

À écouter
dans l'appli mobile

Observations rares, curiosités, révélations inattendues...
Un passionné vous raconte.

5 La Pierre Saint-Martin

VUE PLONGEANTE SUR LES VAUTOURS

NIVEAU ●●●

LOCALISATION

Arette
GPS 42.96958, -0.76719

ÉCOUTEZ SURVOLEZ IDENTIFIEZ

ACCÈS

Depuis le village d'Arette, suivre D 132 sur envir. 20 km. Ne pas aller jusqu'à la station de la Pierre Saint-Martin, prendre à droite dir. Espagne/col de la Pierre Saint-Martin. Poursuivre cette route jusqu'au col de la Pierre Saint-Martin. Départ au parking.

DURÉE / DIFFICULTÉ

4 km. ↗ 210 m. 3 h.

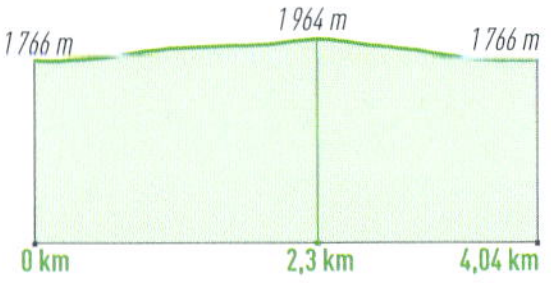

Le pic d'Arlas, dans le massif de la Pierre Saint-Martin, offre une vue à 360° sur les environs. Il est isolé des autres pics et permet d'observer les vautours de façon unique. Vous vous retrouverez au-dessus des rapaces !

✖ La balade commence depuis le parking (côté cabane au toit en tuile). Un cercle de cailloux permet de repérer le début du sentier. Empruntez ce chemin et suivez-le.

Il vous mène directement au milieu d'une forêt éparse de pins à crochets ❶, typiques de la région. On les observe à perte de vue, ce qui donne au massif cet aspect si particulier. Les pins à crochets offrent un habitat idéal pour plusieurs espèces d'oiseaux, dont le merle à plastron. Il se distingue du merle noir par la présence d'une bande blanche sur le haut de son ventre, qui lui fait un collier. Il est cependant bien plus rare que le merle noir, on ne le retrouve qu'en montagne et il hiverne en Afrique et dans le sud de l'Europe.

Bec croisé des sapins

CONSEILS
La fin de l'été est propice aux rapaces migrateurs (milans noirs par exemple), mais le mois de juin vous permettra de découvrir la Pierre Saint-Martin verdoyante.
Visite de la grotte de la Verna à couper le souffle. Contact : 05 59 28 34 02 06 37 88 29 05 – visite uniquement sur réservation

Un autre oiseau extraordinaire vit dans ces pins, le bec-croisé des sapins. Les deux mandibules du bec de cette espèce se croisent, cas unique chez les oiseaux. Rassurez-vous, ce n'est pas une erreur de la nature. Le bec-croisé se sert de ce bec si particulier pour extraire et se nourrir des graines qui sont dans les cônes de pins. Ils sont très communs ici, et se déplacent en troupes. Vous reconnaîtrez les mâles à leur couleur rouge. Les femelles et les jeunes sont quant à eux vert anis.

Une géologie unique

Le massif de la Pierre Saint-Martin est situé sur un immense karst : une roche (ici calcaire) qui a été creusée par l'eau en galeries. Le résultat est la formation de rivières souterraines et de gouffres parmi les plus profonds au monde.

Le sentier descend un peu, il vous faut ensuite remonter. Vous apercevez le pic d'Arlas, qu'il vous faudra monter plus tard. À droite du sentier, on distingue une grande mare boueuse ❷. N'hésitez pas à vous en rapprocher.

De nombreux papillons sont attirés par la flaque pour s'hydrater et récolter des sels minéraux. Les plus nombreux, de loin, sont les azurés. Ces petits papillons bleus sont extrêmement communs en montagne. Il en existe un grand nombre d'espèces, qui sont difficiles à identifier. Citons parmi ceux que vous verrez peut-être, l'azuré des soldanelles, ou encore le bleu-nacré. D'autres papillons plus gros peuvent être attirés par la flaque, comme le machaon.

Les habitués des lieux

- Gypaète barbu, bec-croisé des sapins, vautour fauve, aigle royal, merle à plastron, chocard à bec jaune, crave à bec rouge, venturon montagnard, traquet motteux, mésange noire, pipit spioncelle...
- Marmotte, isard, sanglier...
- Azurés, moirés, grand nacré, machaon, moro-sphynx...
- Pin à crochet, soldanelle, ancolie des Pyrénées...

Il est possible, en fin de journée, que d'autres animaux viennent s'abreuver ou faire un bain de boue, comme le bec-croisé, ou peut-être même un sanglier.

Continuez sur le sentier, qui remonte et qui vous amène au pied d'un pic. C'est le pic d'Arlas, vous devez le contourner par la droite, en continuant sur le sentier principal.

Les prairies alpines que vous traversez 3 sont extrêmement fleuries, avec des plantes typiquement montagnardes, comme les soldanelles ou l'ancolie des Pyrénées endémique de la région. Ces fleurs attirent d'innombrables insectes : abeilles, coléoptères et papillons. On retrouve des azurés, mais également beaucoup de papillons de couleur sombre. Ce sont des moirés. Comme les azurés, les moirés comportent beaucoup d'espèces, la plupart montagnardes. Certains sont endémiques des Pyrénées. Ce milieu est également idéal pour les marmottes, qui se font entendre. Elles sifflent à l'approche d'une menace, peut-être qu'un aigle royal est dans les parages... On peut alors les voir dévaler la pente rocheuse pour se réfugier au plus vite dans leur terrier.

En poursuivant votre itinéraire, vous allez arriver à un croisement de sentiers. Il vous faut tourner à gauche et commencer l'ascension du pic d'Arlas. Le sentier n'est pas très visible, mais il existe tout de même. La montée du pic est courte, mais intense, n'hésitez pas à vous désaltérer avant de commencer votre ascension.

La vue en haut du pic ❹ est à couper le souffle. Une vision à 360° de la zone s'offre à vous. Vous apercevez la station de la Pierre Saint-Martin en contrebas et de l'autre côté, c'est l'Espagne. À l'Est, vous remarquez le pic d'Anie, une des montagnes les plus célèbres des Pyrénées.

Le pic offre également un point d'observation unique pour les vautours des environs. Les vautours fauves sont les plus nombreux. Ils tournoient pour prendre de la hauteur puis se laissent glisser dans l'air, afin d'économiser leur énergie. Il se peut que les vautours passent en dessous du sommet de la montagne, auquel cas vous les verrez de dessus, ce qui est plutôt rare ! Il y a aussi des gypaètes dans le secteur, qui sont encore plus grands que les vautours fauves. Ils ont une queue plus longue, ce qui permet de les reconnaître. Leur légende les précède. Vous aurez peut-être la chance d'observer un individu lâcher un os du ciel, pour le briser et se nourrir de sa moelle. Espérons que l'os ne vous tombe pas dessus.

La descente du pic se fait par l'autre versant. Il y a un autre sentier au sommet du pic, en face de celui par lequel vous êtes arrivés. Empruntez-le, la descente de ce côté est plus douce, mais restez vigilant. En bas du pic, il faudra continuer sur la gauche, pour contourner légèrement le pic, puis de nouveau tourner à droite pour rester en hauteur sur la crête (ne pas redescendre au sentier de l'aller). Vous devez passer à côté d'une passerelle en bois. Le sentier est indiqué par des petits piquets en fer rouge. Il vous mènera au parking.

Des nuées d'oiseaux noirs et bruyants sont fréquemment observées sur le site. Ce sont des chocards à bec jaune. Ce sont, eux-aussi, des spécialistes de la montagne. Ils se nourrissent d'invertébrés dans les pelouses. Juste à côté du panneau de signalisation en espagnol, au parking, vous pourrez voir de nombreux gouffres ❺. Admirez la profondeur du dernier. Il est très dangereux de s'en approcher, veillez à bien respecter les limites posées par les clôtures.

Sébastien Arriubergé

Plante et papillon, une collaboration essentielle

Les papillons ont des relations très fusionnelles avec les plantes. Certains ne peuvent pondre que sur une seule espèce de plante, qu'on appelle plante hôte. C'est le cas du bleu-nacré, dont les chenilles se développent uniquement sur l'hippocrépide à toupet.

Azuré bleu céleste

6 Le pic du Midi d'Ossau

À LA RECHERCHE DES AMPHIBIENS D'ALTITUDE

NIVEAU ●●○

LOCALISATION

Laruns
GPS 42.86856,
-0.44831

ÉCOUTEZ SURVOLEZ IDENTIFIEZ

ACCÈS

Depuis le bourg de Laruns, prendre la D934 dir. Gabas et col du Pourtalet. Après Gabas, prendre à droite la D231 et suivre cette route jusqu'au parking du lac de Bious-Artigues. Route fermée de décembre à avril. Le parking peut être fermé, ou complet. Autre parking en contrebas.

DURÉE / DIFFICULTÉ

6,45 km. ↗ 307 m. 3 h.

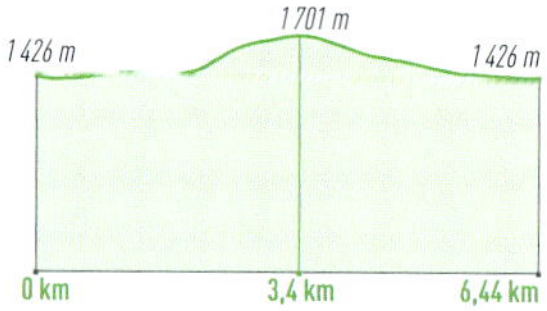

Alors que le secteur offre des panoramas à couper le souffle sur le pic du Midi d'Ossau et fascine par ses grands rapaces et la présence de l'ours ; vous pourrez également y découvrir, une richesse plus discrète, mais tout aussi étonnante, les amphibiens !

Départ depuis le parking situé au bord du lac de Bious Artigues. Vous commencez la balade en longeant le lac sur votre droite. S'il n'est pas visible dans un premier temps, vous remarquerez, après un quart d'heure de marche, le barrage 1. Une fois franchi, vous longez le lac par le sentier qui le borde, et vous alternez entre zones boisées et secteurs plus dégagés.

Avec beaucoup de chance, vous pourrez observer un des habitants les plus discrets de la vallée, le desman des Pyrénées. Bien que principalement nocturne, ce mammifère aquatique peut être vu en train de rechercher de la nourriture en journée, fouillant le fond du lac pour trouver des mollusques et invertébrés aquatiques. C'est d'ailleurs par des observations en journée, réalisées par des randonneurs, que sa présence a été confirmée sur le secteur des lacs d'Ayous, à environ 3 kilomètres à pied de desman du lac de Bious-Artigues.

200 mètres après la sortie du barrage, vous traversez la passerelle de l'Arrec d'Aas ❷, un des ruisseaux qui alimentent le lac.

Vous aurez par ailleurs de fortes chances d'observer dans ce lac quelques espèces de poissons, comme la truite arc-en-ciel ou le goujon. Ces poissons ont été introduits dans les lacs de montagne pour la pêche. Ces espèces carnassières consomment de nombreux amphibiens et ont déjà décimé une bonne partie des populations peuplant ces lacs. Seul le crapaud épineux n'a pas été dérangé, car il est toxique pour les prédateurs (dont les truites). Entre avril et mai, vous pourrez observer des pontes de ce crapaud sous la forme de longs chapelets noirs d'environ deux centimètres de large pour plusieurs mètres de long, le plus souvent entortillés sur eux-mêmes et accrochés à la végétation. En été, les pontes laisseront place aux têtards entièrement noirs, puis aux juvéniles fraîchement métamorphosés quittant le lac pour trouver refuge dans le bois.

En atteignant la zone où le gave de Bious plonge dans le lac ❸ (environ 50 mètres avant le gave) vous tombez sur une patte d'oie avec une passerelle traversant le gave sur chaque branche. Vous devez suivre la branche de droite. À mi-chemin entre le croisement et la passerelle, vous tournez à droite en suivant un petit sentier menant dans la forêt, que vous suivez jusqu'à un premier petit ruisseau.

En traversant le ruisseau, et en le longeant dans la forêt, votre route pourrait croiser celle de la salamandre tachetée fastueuse, sous-espèce endémique aux Pyrénées. Bien que de couleur apparemment vive et repérable (jaune et noire) cet animal n'est pas toujours facile à trouver selon la nature du sol. Si les adultes sont presque uniquement terrestres, les femelles retournent dans les ruisseaux forestiers, pour donner naissance à de jeunes salamandres. Ce n'est pas le cas des autres amphibiens qui pondent des œufs.

Après avoir traversé le petit ruisseau, vous tournez immédiatement sur le sentier de droite, que vous suivez jusqu'à rejoindre une grande prairie, dans laquelle se trouvent les deux cabanes du Col Long d'Ayous ❹.

Cette étape sera l'occasion idéale pour contempler sous un nouveau jour le pic du Midi d'Ossau, avec une vue dégagée (s'il n'est pas

CONSEILS

La meilleure période pour observer les amphibiens (reproduction) : avril et juin.
Très fréquenté en été, privilégier les périodes de basse saison
Possibilité de poursuivre jusqu'aux lacs d'Ayous (1 km environ, 30 min de plus) depuis le point ❹.

Les habitués des lieux

Cincle plongeur, vautour fauve, milan royal, aigle royal...

Isard, desman des Pyrénées, marmotte...

Crapaud épineux, salamandre tachetée fastueuse, euprocte des Pyrénées, triton palmé, alyte accoucheur, vipère aspic, lézard de Bonnal...

Aigle royal

Desman des Pyrénées

entouré de nuages !) sur deux de ses sommets : le grand et le petit pic. Si vous disposez d'une de jumelles, ce sera probablement le meilleur moment, compte tenu du panorama, pour observer les nombreux rapaces qui peuplent cette vallée.

Vous devez ensuite poursuivre le sentier vers le sud-ouest, qui croise un autre sentier, plus large et plus fréquenté. En arrivant au croisement, vous prenez à gauche et suivez ce chemin en direction de l'est.

Lorsque vous serez parvenus à la partie du sentier qui longe le gave de Bious ❺, principal affluent du lac, vous aurez l'occasion d'observer un autre amphibien endémique de la région, l'euprocte des Pyrénées. Il se distingue de la salamandre tachetée par une

Un ancien volcan

Le pic du Midi d'Ossau est en réalité un vestige d'un volcan dont le cratère mesurait environ 6 à 7 km de diamètre il y a plus de 250 millions d'années. La zone a cependant perdu toute activité volcanique bien avant la formation des Pyrénées, qui date de 40 millions d'années.

Pic du Midi d'Ossau

taille plus réduite, et surtout par sa face dorsale entièrement brune, sauf pour les juvéniles qui présentent une bande jaune le long de leur dos. Cette espèce est surtout observée dans les ruisseaux de prairie d'altitude. Elle occupe les vasques d'eau stagnante où elle chasse les invertébrés aquatiques et où les mâles territoriaux défendent les meilleurs emplacements pour accueillir les femelles.

En vous éloignant du ruisseau, le sentier vous mène de nouveau du côté du lac, et vous aurez l'occasion de traverser deux ruisseaux. N'hésitez pas alors à renouveler les observations expliquées précédemment !

Julien Courant

La Chytride, un champignon meurtrier

Invisible à l'œil nu, elle est reconnue responsable de déclins d'amphibiens dans le monde entier. Afin de contribuer à la lutte contre ce pathogène, le meilleur geste consiste à appliquer une solution de Virkon (désinfectant), sous vos chaussures avant vos balades.

LE PIC DU MIDI D'OSSAU,

affectueusement surnommé Jean-Pierre par les bergers béarnais, est le vestige d'un volcan. Son surnom est entouré de mystère, on l'emploie pour désigner son sommet : le grand pic et le petit pic. Pour certains il trouve ses origines dans les noms que l'on donnait autrefois à l'aîné : Jean, et au cadet : Pierre. Pour d'autres il est lié à une légende : deux frères bergers qui finirent pétrifiés dans le volcan et que l'on voit aujourd'hui sous la forme de ces pics.

7 Aas

LA MONTAGNE VERTE

NIVEAU ●●○

LOCALISATION

Aas
GPS 42.98064,
-0.40124

ACCÈS

Depuis Pau, prendre dir. vallée d'Ossau et Laruns. Avant l'entrée du village de Laruns, prendre à gauche dir. Béost. Poursuivre par la D 391 dir. hameau de Bagès. Se garer à l'entrée du village d'Aas de part et d'autre de la route (panneau indiquant la randonnée).

DURÉE / DIFFICULTÉ

10 km. ↗550 m. 3 h 45.

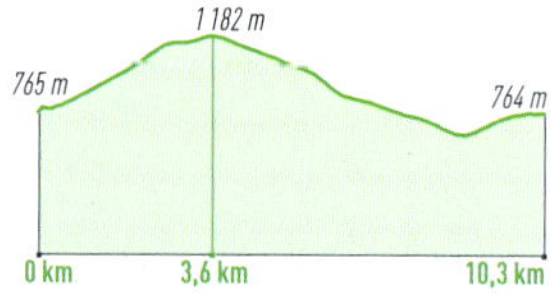

La douceur de cette montagne aux courbes nonchalantes contraste fortement avec les montagnes voisines... C'est un havre de paix panoramique au milieu des troupeaux en estives.

Remontez la petite route en direction du chemin de Pleysse. Peu après, au niveau de la croix sculptée en pierre, prenez à droite et, 200 mètres plus loin, tournez à gauche près d'une antenne ; direction « La miellerie de la Montagne verte ». Continuez jusqu'à la fin de la route à côté d'un abreuvoir une plaque commémorative indique « promenade Lavielle député 1841 » 1.

Tarier pâtre

Pour parvenir à la douce montagne, il va falloir grimper ! C'est le versant fleuri et un peu raide qu'il vous faut gravir... il fait face au pic de Ger et à la Pène. Au fur et à mesure que vous prenez de l'altitude, une belle vue se dégage sur les Eaux-Bonnes, la station thermale de l'impératrice Eugénie. Vous distinguez nettement le casino et les thermes. Ici, la source vieille (44 °C) et la source froide (13 °C) soignent les voies respiratoires, les rhumatismes et les traumatismes articulaires.

D'ici, prenez à gauche le versant au-dessus du village par une longue traversée puis trois lacets.

Pour soulager la montée, vous pouvez centrer votre attention d'une découverte floristique à une autre : scabieuse, Brunelle à grandes fleurs, œillet superbe, globulaire, serpolet, bruyère vagabonde, callune vulgaire poussent en abondance entre deux fougeraies... Et sur les parties humides, la grassette commune, plante carnivore à la rosette de feuilles vert intense et à la fleur unique violette ainsi que la parnassie des marais aux cinq pétales blancs délicatement veinés compléteront la palette de couleurs.

Au col, vous trouverez un abreuvoir ❷. Continuez sur le sentier qui se prolonge en longeant un muret en pierres sèches par la droite. Après un replat vous arrivez sur une piste au Pé de la Houn (le bas de la source) à 1 200 m (borne).

Vous pouvez désormais lever la tête en direction des falaises de Pleysse où le vautour fauve tournoie souvent à la recherche de courants ascendants formés par l'air chauffé par la roche exposée au soleil. Il se peut que vous soyez surpris par les aboiements du patou derrière l'enclos où pacage un troupeau de brebis. Ce chien de protection aux mensurations imposantes est élevé depuis sa naissance au milieu du troupeau afin qu'il considère chaque brebis comme un membre de sa famille. Il fera face avec courage à toute intrusion dans l'enclos ou dans le troupeau (chien errant, ours, autres humains que l'éleveur ou le berger...) restez donc prudents et à bonne distance des animaux.

Poursuivez jusqu'au parc de contention et la barrière ❸. Puis, tournez à gauche et descendez deux lacets de la piste jusqu'à la route. Après le premier virage à droite, quittez la route pour prendre à gauche un sentier pavé en sous-bois qui passe entre deux murets et coupe la route ❹.

Les granges pastorales caractéristiques de la vallée d'Ossau sont pour certaines dotées d'un espace dédié au berger, petite construction additionnelle le long de la grange. Certaines ont été transformées en résidence secondaire. L'une d'entre elles attire l'attention, c'est la « Tête de l'art » avec ses personnages sculptés et peints qui composent un orchestre fictif à proximité de « L'aire d'heureux pots » où vous pourrez faire une halte sur la table de pique-nique aménagée. Ici, la piste est bien plus ombragée avec des noisetiers, des hêtres,

CONSEILS

Présence de troupeaux, ne pas approcher les animaux.
Prévoir un répulsif à taons l'été
Foire à fromages de Laruns, 1er w-e octobre (animations pastorales, concours et dégustation de fromage, danses et musiques traditionnelles...)

Les habitués des lieux

- Vautour fauve, vautour percnoptère, milan noir et royal, buse, circaète Jean-le-Blanc, tarier pâtre, bruant jaune, rouge queue-noir...
- Renard, sanglier, fouine, chauve-souris...
- Salamandre tachetée...
- Taon, criquet, nombreux papillons (machaon, vulcain, azuré, demi-deuil...)...
- Orchis mâle, compagnon rouge, ancolie commune, erodium de Manescau, silène enflée, œillet superbe, grassette commune....

Vue sur les cinq Monts

Ça siffle à Aas !

Autrefois, les habitants et surtout les bergers utilisaient un langage sifflé pour communiquer entre eux sur les estives. De part et d'autre des rives du Valentin, les sifflements portaient à près de 2 kilomètres. Cette pratique est très rare en Europe.

des chênes et quelques alisiers. Les passereaux ne sont pas en reste : sittelle torchepot, pouillot véloce, mésange, geai des chênes, buse variable donnent allègrement de la voix.

Arrivé sur la route, prenez à gauche. Traversez tout droit le hameau de Bagès (chapelle Sainte-Catherine, lavoir et abreuvoir sur votre gauche).

Le hameau de Bagès est le lieu de naissance du fameux berger érudit autodidacte, Pierrine Gaston Sacaze. Vous avez sûrement cheminé dans ses pas. La montagne verte était un de ses lieux favoris pour constituer ses fameux herbiers. Son herbier personnel, enrichi pendant quarante ans présente plus de 2 000 échantillons !

À la sortie du hameau 5, laissez à droite, au niveau du belvédère avec deux bancs, le sentier qui descend au village de Béost. Poursuivez à gauche la route du Boila qui remonte jusqu'au village d'Aas.

La remontée sur la route en fin de balade peut être un peu rude, il ne reste qu'un gros kilomètre jusqu'au village d'Aas entre granges et prairies dédiées aux vaches (origine du mot boala, bovins). À Aas, une visite du village s'impose. Les maisons les plus anciennes arborent des portes à deux vantaux cintrés de marbre et surmontés d'ornements. Sur le pilier gauche de l'église, une plaque en bas-relief évoque le langage sifflé des bergers de ce village. Elle siffle la fin de notre escapade haute en couleur !

Gwénaëlle Plet (D'une montagne à l'autre)

Un guide aux capacités sportives hors normes !

Jacques Orteig (1834-1904) est originaire du village d'Aas. Il avait pour habitude de se lancer des paris sportifs comme celui du 22 juillet 1872 où il a rejoint le pic de Ger depuis les Eaux-Bonnes, et a enchaîné avec l'ascension de l'Arcizette, et du pic du midi d'Ossau avant de rejoindre Pau... en 18 h 30 !

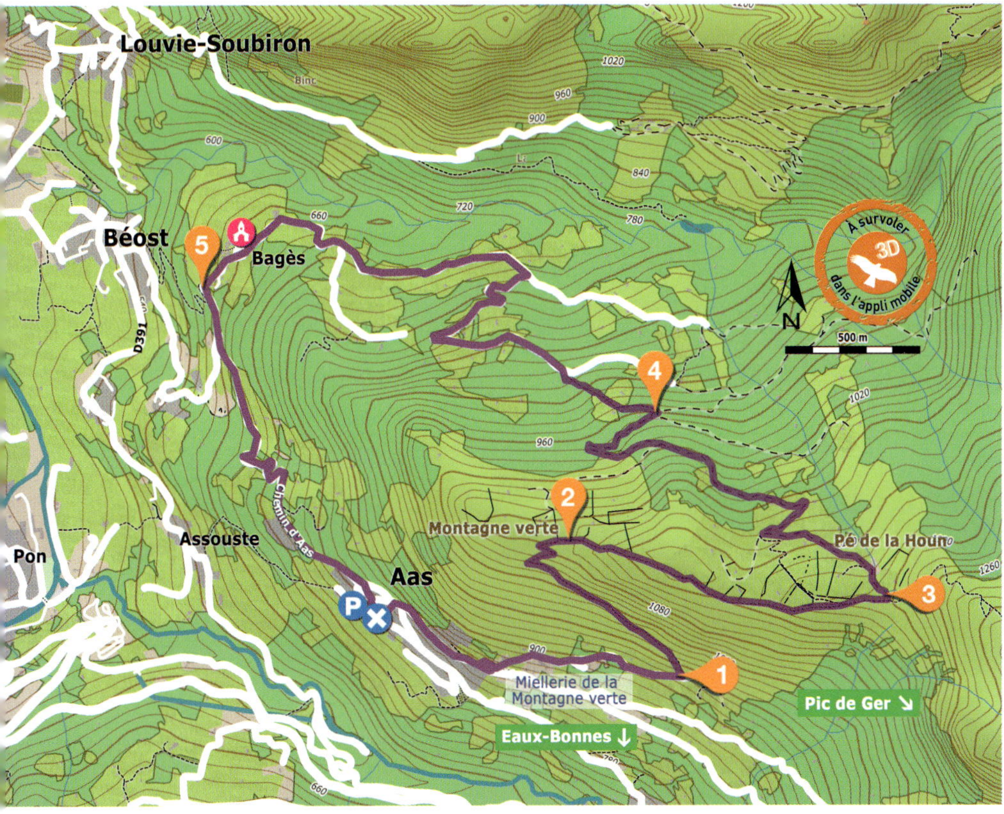

8 Le col d'Aubisque

DU VENT DANS LES PLUMES

NIVEAU ●●○

LOCALISATION

Béost
GPS 42.97681,
-0.34015

ÉCOUTEZ SURVOLEZ IDENTIFIEZ

ACCÈS

Après Laruns, prendre à gauche la D 918 dir. de Gourette. Traverser Eaux-Bonnes, puis Gourette jusqu'à atteindre le col d'Aubisque (30 min depuis Laruns)

DURÉE / DIFFICULTÉ

5 km. ↗185 m. 3 h.

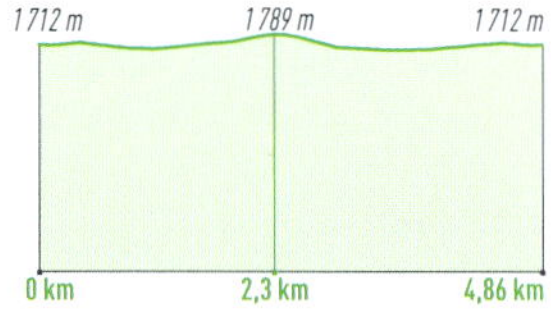

Les pentes herbeuses de l'Aubisque sont propices à la formation d'ascendances les jours de beau temps. Ainsi, vous rencontrerez de nombreux rapaces pratiquant le vol à voile en quête de nourriture.

Ⓧ Du parking, suivez la piste qui part vers le sud-est. Au bout de 200 mètres, vous la quittez pour prendre la pente herbeuse qui vous amène aux antennes du Turon de l'Ausetch Lounc.

Là-haut ①, la vue est splendide, une table d'orientation vous permet de connaître tous les noms des sommets béarnais et bigourdans des alentours. Vous verrez ainsi le sommet du pic du Ger qui se trouve au-dessus de Gourette. Ce sommet, par lequel passa Jacques Orteig (guide et chasseur de la fin du XIXe siècle) lors d'un pari fou : parti à pied des Eaux-Bonnes, il était monté au pic du Ger, puis à la grande Arcizette, enchaîna sur le pic du midi d'Ossau pour finir à Pau... le tout en moins de vingt heures et chaussé d'espadrilles ! Cet exploit lui conféra une grande renommée et on l'appela « l'animal des Eaux-Bonnes ».

CONSEILS

Ne pas réaliser cette balade par temps de brouillard.
Meilleure période : de mai à octobre.
Après la balade, si vous avez le temps, allez au col du Soulor. Vous trouverez entre juillet et septembre les ornithologues de l'association « Oiseaux Col libre » en train de réaliser les comptages de milans noirs et autres espèces d'oiseaux qui ont déjà commencé leur migration vers des contrées plus chaudes. Si possible, emportez avec vous des jumelles.

Du sommet, descendez en direction du col de Casteix

❷ Vous surplombez la station de ski de Gourette. C'est Henri Sallenave qui a foulé pour la première fois les pentes enneigées de Gourette sur ses skis en frêne. Nous sommes en 1903, et à cette époque, ce site est connu pour ses belles estives et ses mines de fer plus en amont. C'est à partir des années 1960 que la station s'est développée, les principales bâtisses que vous voyez depuis le haut datent de cette époque.

Une fois le col de Casteix dépassé, vous continuez sur la croupe jusqu'à l'altitude 1 720 mètres pour prendre le sentier à gauche balisé en jaune et rouge.

Sur ce chemin, vous trouvez rapidement la grassette à grandes fleurs. Cette plante se reconnaît par ses feuilles vert clair, presque fluorescentes. Approchez-vous, vous verrez de tout petits insectes collés sur les feuilles gluantes et visqueuses. En effet, cette plante qui pousse dans des milieux humides est insectivore. Les fleurs de la grassette sont mauves et ressemblent aux fleurs de violette. Mais il faut aussi lever les yeux, car les rapaces sont très présents ici.

Alouette des champs

Les habitués des lieux

Vautour fauve, milan royal, gypaète barbu, alouette des champs, grave à bec rouge...

Carline acaule, dent de chien, horminelle des Pyrénées, grassette à grandes fleurs, potentille...

Gypaète barbu

Pour identifier un rapace en vol, pensez à regarder la taille de sa queue par rapport à la largeur de ses ailes. Observez-en également la forme, ainsi que celle de ses ailes et sa façon de voler. Par exemple, si vous observez un grand oiseau avec des ailes larges, une queue courte en éventail et qui ne bat pas des ailes, vous avez de grandes chances d'être en présence d'un vautour fauve. Il est nécrophage, il se nourrit donc exclusivement d'animaux morts.

Poursuivez ce sentier qui vous amène sans difficulté jusqu'au col d'Arbaze

Vous aurez peut-être la chance d'observer le gypaète barbu qui aime passer furtivement par les cols et les crêtes. Ce grand vautour, le plus grand rapace d'Europe, se reconnaît grâce à sa longue queue cunéiforme et ses longues ailes en forme de faucille. Sa grande particularité est d'être ostéophage : il ne mange que des os. Pour cela, il possède un gosier élastique qui lui permet d'avaler de gros os, et son estomac a un pH très acide. Quand il trouve un os trop grand, il le prend dans ses serres et le laisse tomber sur un pierrier pour le casser.

Au col, descendez hors sentier plein nord dans le vallon jusqu'au replat situé à 1 690 mètres d'altitude.

Dans ce petit vallon, soyez attentif aux reptiles. Il faudra un peu de chance pour apercevoir la vipère aspic prenant un bain de soleil.

Col d'Aubisque

Surtout, ne vous affolez pas, bien au contraire. Prenez le temps de l'observer, le mieux étant de le faire avec une paire de jumelles. Si vous voyez une fente verticale au niveau des yeux, un museau retroussé et une queue qui se raccourcit d'un coup, alors, vous êtes en présence d'une vipère aspic. En revanche, des yeux ronds, un museau arrondi et une queue longue et régulière, c'est une couleuvre. Si vous n'appréciez pas les serpents, regardez plutôt l'horminelle des Pyrénées, c'est une jolie plante qui a des fleurs violettes disposées en grappes. Si vous randonnez en dehors de sa période de floraison, remarquez alors ces feuilles larges, au ras du sol et disposées en rosette. On dit que cette plante est orophile, c'est-à-dire qu'elle est adaptée à la haute montagne.

③ Au replat, prenez à l'ouest une sente de brebis qui longe la courbe de niveau.

C'est souvent au-dessus de ces pentes herbeuses que l'on observe le milan royal virevolter à une trentaine de mètres du sol à la recherche de campagnols ou autres petites proies. Ce rapace, classé vulnérable par l'Union internationale pour la conservation de la nature, est de toute beauté. Ses couleurs sont très contrastées, allant du rouge orangé au blanc sous ses ailes formant deux cocardes. Il se reconnaît également à sa queue très fourchue. Son proche cousin, le milan noir, peut être également présent. Il se distingue du milan royal par une queue moins fourchue et une livrée plus homogène et sombre.

Ce chemin vous amène à un ensemble de roches calcaires ④, d'ici, poursuivez sur la gauche afin de regagner un petit col qui vous ramène sur votre chemin initial.

Vous retrouvez le col d'Aubisque si cher aux cyclistes amateurs et professionnels. Cette route a été construite sous Napoléon III. Sa femme, l'impératrice Eugénie souhaitait relier deux villes thermales par la route : les Eaux-Bonnes et Argelès-Gazost dans les Hautes-Pyrénées.

Frédéric Delord (Bureau des Guides de Pau)

D'où vient le nom Aubisque ?

Sûrement du Gascon *aubisque* qui signifierait « Fétuque », désignant donc un lieu où poussent les fétuques (famille des Poacées, anciennement la famille des graminées)

9 Cirque du Litor

AU CŒUR DU PASTORALISME

NIVEAU

LOCALISATION

Arbéost
GPS 42.97581, -0.28338

ÉCOUTEZ SURVOLEZ IDENTIFIEZ

ACCÈS

De Lourdes, aller jusqu'à Argelès-Gazost, puis prendre la direction du Val d'Azun par la D 918. Continuer jusqu'à Arrens-Marsous. Suivre la direction du Col du Soulor. Au col, tourner à droite vers Arbéost. Parking cabanes de Cure Perdrix à 3 km.

DURÉE / DIFFICULTÉ

5,6 km. ↗ 135 m. 2 h 30.

CONSEILS

Du printemps à l'automne.

INFORMATIONS TOURISTIQUES

À faire : De juillet à fin septembre, venez rencontrer au col du Soulor les ornithologues qui suivent la migration des oiseaux. Achat de fromages des Pyrénées (vache, mixte ou brebis) à Lou Pastou au-dessus du saloir à fromages.

Entre les mythiques cols du Soulor et de l'Aubisque, le cirque du Litor dresse ses parois vertigineuses au-dessus d'un petit havre de verdure. Ces lieux bucoliques sont riches d'un patrimoine agropastoral encore présent.

Démarrez sur la route pour rejoindre le point 1 et tournez à droite, au début de la piste des cabanes de Cure-Perdrix. Descendez par cette piste vers le cœur du cirque.

Le chemin passe près des cabanes de Cure-Perdrix, utilisées l'été par les bergers. À l'origine, les matériaux de construction étaient uniquement ceux que les bergers pouvaient trouver sur place, dans les éboulis, les blocs, les galets du torrent. Le nom des cabanes paraît original, il veut dire « la cuvette des Perdrix ». Les perdrix rouges sont bien présentes ici et les cabanes sont construites sur le versant d'une petite combe où naissent une multitude de sources.

Suivez la piste qui traverse plusieurs ruisseaux.

Par endroits, des petits creux retiennent un peu d'eau des ruisseaux et forment des marais. Certains sont recouverts de splendides petites boules de coton. Ce sont les aigrettes laineuses de la linaigrette à

L'eau du torrent est-elle propre ?

L'eau est indispensable à la vie. En France, nous ne manquons pas d'eau, mais si toutes les rivières deviennent polluées, nous vivrons alors comme en plein désert. Nous pouvons estimer sa qualité à la présence de certaines espèces sensibles à la pollution comme les phryganes, les plécoptères et les éphéméroptères.

feuilles étroites. Autrefois, elles étaient utilisées pour rembourrer les vêtements et les coussins.

❷ Vous arrivez à une bifurcation : laissez la piste de droite qui descend et poursuivez tout droit.

Sur les bords de la piste ou les talus environnants, vous trouverez peut-être, au printemps, une représentante des orchidées, l'orchis moucheron. Rose pâle, avec des fleurs plutôt petites, cette orchidée a un éperon très long et fin, et sa corolle n'est pas sans rappeler un moucheron en vol, d'où son nom...

Poursuivez toujours sur la piste pastorale.

Ici, ❸ Blondes d'Aquitaine, mais aussi Montbéliardes ou Brunes des Alpes provenant de fermes situées à Arbéost ou dans des communes plus bas dans la vallée (Ferrières, Arthez d'Asson, plaine de Nay...) transhument dès début juillet et redescendent mi-septembre. Les chevaux mi-lourds, destinés à la boucherie, monteront plus tôt et redescendront plus tard.

La piste se poursuit et passe entre de larges zones humides à la flore très colorée.

Dans ces zones humides, vous rencontrerez une autre orchidée, l'orchis de Fuchs. Elle pousse dans les terrains marécageux calcaires, et a des fleurs roses plus ou moins pâles, à points et lignes pourpres. Ses feuilles sont tachetées d'un noir violet. Vous trouverez aussi la parnassie des marais, avec sa rosette de feuilles en cœur et sa fleur à cinq pétales blancs nervurés de vert très clair. Et puis le beau et gracieux lychnis fleur de coucou, aux pétales rose clair très découpés. Sur les bords du torrent, vous croiserez probablement le chemin de la grenouille rousse et vous pourrez voir une plante insectivore, la grassette commune, dont les feuilles sont « grasses » au toucher. Ces dernières sont couvertes de minuscules gouttelettes de suc digestif secrétées par la feuille, qui attirent les moucherons, les collent et les digèrent.

Le cirque des avalanches

Le cirque du Litor forme un cercle aux parois abruptes, creusé par un glacier aujourd'hui disparu. En hiver, naissent des avalanches qui finissent leur course au fond du cirque. Litor peut se décomposer ainsi : « eth lit », l'avalanche, et le suffixe toponymique « or » présent en Val d'Azun.

Blaireau

Levez les yeux !

Ici les vautours sont les maîtres du ciel ! En raison de la présence des troupeaux en période estivale, vautours fauves, percnoptères et parfois même le rare gypaète barbu font des apparitions régulières au-dessus de cette estive. Ouvrez l'œil !

Arrivé au ruisseau 4, traversez le pont et prenez à gauche le sentier marqué « Tour du Val d'Azun » en direction des dernières cabanes pastorales.

Ici, les grandes cabanes modernes en bois répondent aux besoins actuels des éleveurs. Elles côtoient les petites cabanes en pierres toutes en ruines. Autour de toutes ces cabanes 5, vous trouverez des plantes dites « rudérales », qui poussent dans les décombres, et « nitrophiles », qui aiment les sols riches nitratés des abords d'habitations et reposoirs de troupeaux. Ainsi poussent ici : ortie dioïque, sureau noir, oseille des prés, chénopode bon-Henri, géranium, plantain, bardane, rumex.

Rejoignez la piste pastorale et empruntez-la jusqu'à la route pour le retour. Revenez sur vos pas jusqu'au point de départ.

Vous croiserez de petits bosquets de houx, dont les rameaux aux boules rouges sont bien connus pour la décoration. Les fleurs mâles et femelles du houx se trouvent sur des plantes séparées. Donc les fruits

Estive

ne sont que sur les plantes femelles. Ce houx a souvent deux formes de feuilles sur un même arbuste : feuilles à bords épineux et feuilles à bords lisses. Très souvent, les feuilles épineuses sont au niveau inférieur de l'arbuste, peut-être pour se protéger du troupeau affamé.

Vous voici de nouveau au point 2.

Cette bifurcation se situe à un endroit nommé « Hougara », qui désigne un lieu où poussent les fougères aigles, comme ici. Votre retour se fera peut-être sous l'œil avisé des vautours fauves, grands seigneurs de ces lieux. Ils ont un rôle important pour nettoyer les cadavres d'animaux, et notamment ici les animaux domestiques morts accidentellement pendant l'été. Il est possible que les traquets motteux et tariers, les rougequeues noirs et les accenteurs mouchets vous accompagnent pour la fin de votre balade.

Stéphane Martineau, Association Natura
Relecture : Gwénaëlle Plet (D'une montagne à l'autre)

Les hauts et les bas des saisonniers

Les troupeaux suivent la pousse de l'herbe : l'hiver, ils occupent les granges près des villages ; au printemps et à l'automne ils sont aux abords des granges de moyenne altitude et l'été, ils transhument dans les estives pour permettre aux éleveurs d'engranger le foin en juillet et en août.

Accenteur mouchet

Les habitués des lieux

- Vautour fauve et percnoptère, traquet motteux et tarier pâtre, rougequeue noir, cincle plongeur, accenteur mouchet....
- Chevaux, vaches, brebis, musaraigne aquatique, chevreuil, blaireau, sanglier...
- Grenouille rousse...

LE LAC DU MONTAGNON est un petit coin de paradis qui se mérite. Lové au creux des montagnes qui forment presque un cirque autour de lui, ce site a vu sa popularité monter en flèche depuis quelques années du fait de sa fantastique photogénie et ce lac en forme... de cœur !

10 Pic du Monbula

SUR LES TRACES DES CHARBONNIERS

NIVEAU ●●○

LOCALISATION

Arthez d'Asson
GPS 43.03921, -0.26026

ÉCOUTEZ SURVOLEZ IDENTIFIEZ

ACCÈS

Depuis Pau, prendre dir. Asson, puis Arthez d'Asson. Traverser ce village dir. Ferrières. Au lieu-dit « La Herrère », prendre à gauche sur 300 m. Parking après panneau « Ici, les Pyrénées sont atlantiques ».

DURÉE / DIFFICULTÉ

9,8 km. ↗1 108 m. 6 h.
Balisage jaune, itinéraire fortement déconseillé par temps humide et de brouillard.

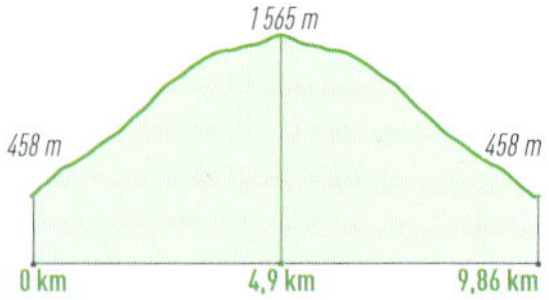

Imaginez ici un va-et-vient incessant de charbonniers. Des coupes de bois amassées et des hectares de bois partis en fumée en combustion lente. Lent comme le temps qui passe et auquel le silence a fait place dans la forêt retrouvée...

Ⓧ Depuis le parking, empruntez le sentier en lacets bien marqué en sous-bois pendant une heure et demie. Le terrain argileux et le piétinement des chevaux peuvent le rendre glissant par endroits.

Les mousses, les lichens et les fougères sont omniprésents (blechnum à épi, fougère scolopendre...). C'est un bain de chlorophylle ! Vous remarquerez sûrement les buis qui ne sont plus que l'ombre d'eux-mêmes... Les feuilles et quelques parties d'écorce ont été massivement dévorées par un micropapillon de nuit aux chenilles voraces, c'est la pyrale du buis qui a sévi ! Peut-être apercevrez-vous un champignon très étrange, c'est le clathre grillagé ou cœur de sorcière... Ne vous approchez pas, il sent très mauvais !

À la sortie de la forêt, une fougeraie dense et des espèces pionnières de bouleaux, de noisetiers et d'ajoncs laissent à penser qu'ici, il y a encore quelques décennies, le pastoralisme permettait le maintien de pâturages ouverts. Vous apercevez les Gabizos (petit et grand) plein sud, le massif de Jaout sur le versant d'en face. Vous entrez à nouveau dans la forêt mystérieuse...

À environ une heure de marche, à nouveau sous couvert forestier, ce sont les hêtres qui dominent. L'un d'eux est monumental. Véritable vestige de l'ère des charbonniers qui étêtaient régulièrement les branches sans couper le tronc lui donnant ainsi cette forme étrange. S'il pouvait parler, ce hêtre vous raconterait sûrement l'histoire des charbonniers disparus...

CONSEILS

Partir tôt le matin, pas d'eau sur le parcours.
Une bonne paire de chaussures.
Sentier bien marqué jusqu'au col de Monbula (borne et marquage en jaune), ensuite sentes de brebis cairnées dans la prairie et dans la dernière partie de la forêt (marquage jaune très ancien).

Au bout d'une heure et demie de marche sur ce sentier raide, vous atteignez une estive bien dégagée surmontée d'une antenne relais. C'est le col d'Arangou ou d'Aragon (borne signalétique) 1. Prenez à droite en direction du pic de Monbula et du pic d'Estibète.

La pente s'accentue et le sentier devient plus rocailleux, c'est le calcaire qui domine. La végétation change. Serpolet, ancolie commune, germandrée des Pyrénées sont le signe d'un sol plus sec et basique. La montée en lacets serrés est un peu sèche également !

Rouge-queue noir

Après 2 heures de montée, vous pénétrez dans la forêt de hêtres au sol couvert de grandes herbes. La montée est régulière pendant 30 minutes à gauche de la combe.

Le contraste est ici saisissant entre la hêtraie plus humide à droite de la combe, sans couvert végétal et la hêtraie au sein de laquelle vous évoluez avec ce couvert végétal dense parsemé de calcaires affleurants de forme karstique. Après quelques lacets, vous observez une, puis trois, et encore trois marmites métalliques avec des couvercles. Ce sont les fours qui ont servi à transformer le bois en charbon de bois. On peut facilement imaginer ici l'intensité de l'activité charbonnière : abattage, coupe, formation des meules, mise à feu, combustion lente, refroidissement, mises en sacs, redescente à dos de mules ou d'ânes, et plus tard par câble. Des allées et venues incessantes entre cet endroit et Herrère (point de départ) et entre Herrère et Ferrières et ses mines de Baburet. Un peu plus haut dans la vallée de l'Ouzom, des forges avalaient goulûment le charbon pour transformer le minerai de fer en fer. Pendant la Deuxième Guerre mondiale, il y avait 300 charbonniers pour 4000 habitants recensés dans cette vallée qui vivait du charbonnage. La forêt a ainsi été décimée avant de renaître avec la fin de cette activité disparue au profit d'autres énergies.

Le faste de la salamandre de l'ouest des Pyrénées

La sous-espèce endémique appelée *fastuosa* est plus jaune que noire et son dos porte deux larges bandes jaunes continues. Elle est plutôt vivipare, c'est-à-dire que ses larves viennent au monde presque entièrement métamorphosées.

Sommet du pic de Monbula

Après 2 heures et demie de montée, sortez de la forêt et vous atteignez une grande prairie (borne) ❷. Ne suivez pas les indications de direction « Pic de Monbula » et remontez la prairie. Après quelques mètres dans la prairie, vous apercevrez à droite une cabane ouverte et rénovée en 2013, bienvenue pour une pause (table, chaise, poêle à bois et matelas en mezzanine). Au col, à 1455 mètres d'altitude, appelé « Plateau de Monbula » sur une borne, ❸, laissez le pic d'Estibète à droite et prenez à gauche « Pic de Monbula ».

À partir d'ici, le sentier disparaît au profit de sentes de brebis et de cairns et le marquage jaune est très irrégulier et peu visible. L'orientation mérite une attention soutenue.

Prenez à gauche, plein nord (cairn) vers la hêtraie large d'une cinquantaine de mètres avant de traverser une prairie, et entrez à nouveau dans la hêtraie. Suivez une large crête toujours plein nord jusqu'à de nouvelles marmites. Poursuivez nord-ouest en limite de crête entre les dolines pendant 15 minutes.

Dans cette dernière partie de forêt, les affleurements calcaires sont striés et parsemés de creux. Le relief est marqué par des dolines successives. C'est caractéristique d'une formation karstique. Le ruissellement lent de l'eau chargé en gaz carbonique a

La pyrale est passée par là !

Ce papillon, originaire d'Extrême-Orient est une espèce invasive qui se nourrit exclusivement des buis (feuilles et écorces). De part et d'autre du sentier, les arbres sont défoliés. Il y a un siècle, il existait une petite industrie de fabrication de chapelets en buis vendus à Lourdes.

patiemment dissous la roche. Vous pouvez facilement imaginer le gruyère sous vos pieds !

Devant vous, se dresse un imposant bloc calcaire, contournez-le par la gauche en suivant les cairns, et montez à droite à nouveau plein nord pour parvenir à sa hauteur. Vous retrouvez la crête avec quelques trouées en direction de la plaine. À l'approche d'un chaos rocheux au fond d'une doline, contournez-le par la gauche. Vous atteindrez bientôt le sommet 4.

Le sommet arrive enfin, un petit promontoire rocheux en contrebas vous dévoile alors l'étendue du panorama. D'abord sur la plaine, avec les villages du piémont, Pau et son agglomération au loin (à 30 kilomètres). Tarbes est partiellement masqué par le sommet des Toupiettes. Puis les montagnes, à l'extrême ouest, où vous pouvez apercevoir les sommets basques de la Rhune (à 117 kilomètres !) et du Baigura. Sur le versant de l'autre côté de l'Ouzom, c'est le massif de Jaout et le pic de Ger. Plein sud, le grand et le petit Gabizos avec son éperon rocheux et sa face est, imposante avec juste derrière la cime du Balaïtous.

2 heures et demie seront nécessaires pour revenir par le même sentier au point de départ.

Gwénaëlle Plet (D'une montagne à l'autre)

Les habitués des lieux

Vautour fauve, mésange huppée, rouge-queue noir, milan royal...

Renard, sanglier, martre, chauve-souris...

Salamandre tachetée (sous-espèce pyrénéenne)...

Buis, hêtre, gentiane pneumonanthe, fougère scolopendre, blechnum en épi...

Martre

Le bois-énergie du passé

Ici, le hêtre a été abondamment exploité pour fabriquer du charbon de bois. Initialement sous la forme de meules de bûches entassées en dôme et recouvertes de terre pour une combustion lente à l'étouffée, l'activité s'est ensuite modernisée avec des fours. Une tonne de charbon nécessitait 17 m³ de bois !

11 Cabane d'Andorre et Soum de Leiz

PANORAMA SUR LES PYRÉNÉES

NIVEAU ●●○

LOCALISATION

Salles - 65
GPS 43.02111, -0.18107

ÉCOUTEZ SURVOLEZ IDENTIFIEZ

ACCÈS

Depuis Lourdes. Prendre D 821, puis la D921B en traversant Agos Vidalos. Prendre ensuite la D 102 en direction de le Castillou. Traverser Ouzous puis Salles et prendre route du Bergons. Se garer juste après l'aérodrome.

DURÉE / DIFFICULTÉ

9 km. ↗420 m. 4 h.

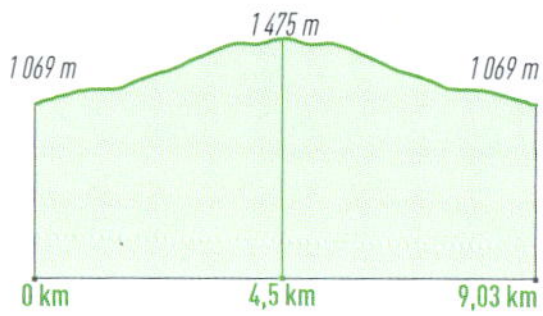

CONSEILS

Randonnée idéale au printemps pour l'observation des fleurs avec une jolie vue sur les sommets enneigés au sud

Quoi de mieux pour bien débuter la saison, que de réaliser cette randonnée accessible et au panorama impressionnant sur les Pyrénées ? Depuis ce modeste pic, vos yeux iront de vallons en sommets pour imaginer de prochaines sorties...

✖ Prenez la piste en direction de l'est, sur 2 kilomètres, derrière la barrière verte en passant par le portillon à droite entre les deux blocs de granite marqués par une balise du GR101. Refermez bien le portillon (présence de troupeaux).

Entre landes, fougeraies et hêtraies, vous allez rapidement découvrir sur la droite le panorama prometteur de votre escapade d'altitude : à l'est, c'est le massif du Hautacam et ses villages éparpillés, puis le Néouvielle, le Viscos séparant la vallée de Luz Saint-Sauveur de la vallée de Cauterets. Tournez votre regard plein sud, sur le Cabaliros au-dessus de Saint-Savin et d'Arcizans-Avant. Derrière vous, à l'ouest, le Balaïtous et le pic de Bazès. La vallée du Bergons en contrebas est une mosaïque au découpage délicat de prairies bordées de haies et de granges foraines.

Sur la piste, ayez l'œil pour repérer les empreintes dans la boue. Ici, chevreuils, mouflons, sangliers ou cerfs ne sont jamais bien loin... Oh, et voilà un if ❶, si facilement confondu avec un sapin ! Les rameaux ne sont pas piquants et son écorce part en lambeaux à la différence

du sapin aux aiguilles bien plus piquantes et à l'écorce lisse. Si deux traits blancs tapissent le revers de chaque aiguille, c'est un sapin, sinon, c'est bien un if !
Entre les hêtraies, les landes à genêts et bruyères occupent le terrain et sur la roche calcaire, vous pouvez observer le patchwork des couleurs de la flore locale, dont la belle et endémique Germandrée des Pyrénées ou la petite Euphraise aussi appelée « casse lunettes ». Les senteurs parfumées du discret thym serpolet trahissent sa présence...

2 kilomètres après le début de la randonnée, la piste s'arrête et laisse place à un sentier indiqué par un panneau « Col d'Andorre », le balisage du GR101 confirme la direction à prendre. Le sentier part à flanc en lisière supérieure de hêtraie.

Plus le sentier s'élève, plus le panorama s'élargit. Surveillez le ciel, car c'est ici le royaume des grands rapaces : vautours fauves et percnoptères planant de longues heures, milans noirs et royaux au vol léger et glissant, ou buse variable et circaète Jean-le-blanc au vol parfois stationnaire... Mais attention, mieux vaut regarder ses pieds en marchant sur ce terrain caillouteux et couvert de racines par endroits ! L'œdipode turquoise, criquet qui ne dévoile ses ailes bleues qu'en volant ou l'argus bleu, papillon souvent posé sur les bouses de vaches pour boire, vous sortiront de votre rêverie d'altitude en décollant au dernier moment au-devant de vos pas.

Le sentier s'oriente au nord-est dans une zone ici très pâturée par les vaches au pied de petites falaises humides ❷.

Un noyer, une aubépine, mais aussi un tilleul à grandes feuilles trônent dans ce petit cirque calcaire. Le stationnement régulier des troupeaux de vaches, brebis ou chevaux favorise ici la végétation gourmande en nitrates (nitrophile) : orties, rumex, chardons à foison...

Un panneau directionnel vert et un marquage jaune au sol indiquent la suite de la randonnée. Poursuivez sur le sentier pendant 10 minutes vers l'est puis nord-est. Il s'élève jusqu'à la jonction entre le GR101, que vous laissez tout droit, et le sentier balisé en jaune que vous empruntez à gauche ❸. La pente du sentier se relève entre des blocs calcaires jusqu'à un abreuvoir (la fontaine de Bestayau) puis un enclos métallique.

Ici, c'est la pelouse alpine qui domine. Quelques passereaux posés sur les rochers à droite au pied du Soum de Leiz attirent le regard. Peut-être aurez-vous la chance d'apercevoir le traquet

▼ Du mouflon de Corse ici ?

Réintroduit en 1978 pour la chasse, il s'est très bien adapté à ce versant méditerranéen avec actuellement plus de 350 individus recensés et rassemblés en petits groupes isolés. Les mâles arborent des cornes pouvant s'enrouler autour des oreilles jusqu'à un mètre de longueur.

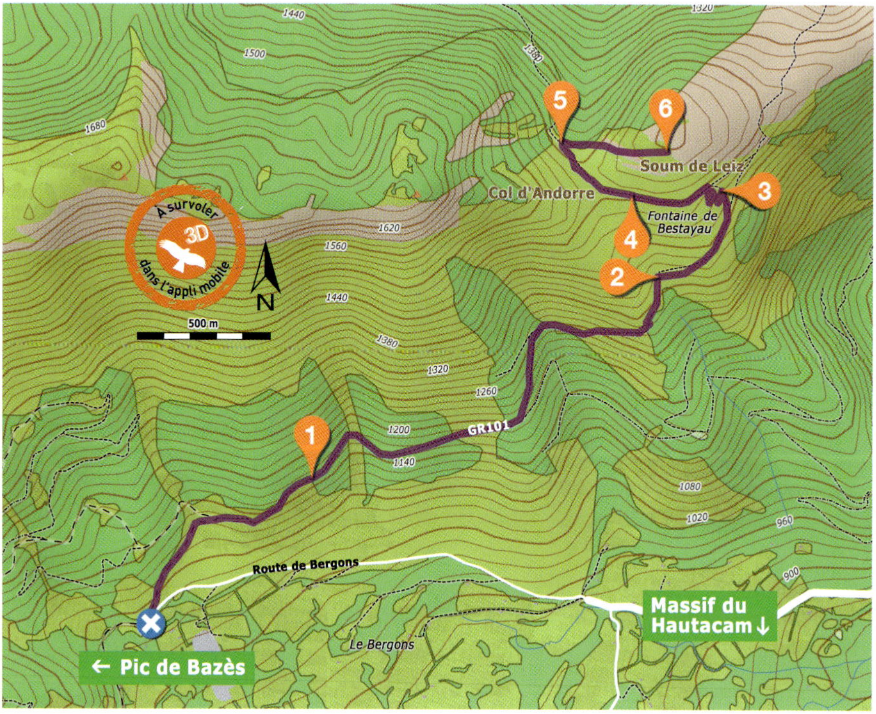

Pourquoi du lapiaz au Soum de Leiz ?

Ce type de relief calcaire a une surface coupée de nombreuses rigoles et trous. Ces reliefs sont formés par le ruissellement lent des eaux de pluie chargées en gaz carbonique et donc acides qui dissolvent lentement la roche au fil du temps.

motteux et son petit derrière blanc qui apparaît quand il s'envole ou le merle à plastron avec son poitrail blanc qui contraste avec le reste de son plumage tout noir.

Poursuivez tout droit pendant 10 minutes en direction de la cabane ❹ dont on aperçoit déjà le toit.

La cabane peut accueillir jusqu'à 10 personnes sur deux niveaux et peut réchauffer un randonneur grâce à sa petite cheminée. Pensez à apporter du bois si vous souhaitez en profiter ! Elle est joliment décorée par des peintures et sera le lieu idéal pour un pique-nique panoramique.
Les plus aventureux d'entre vous peuvent grimper jusqu'au petit sommet rocheux situé au-dessus de la cabane, le soum de Leiz (1 518 m).

De la cabane, montez plein nord vers le col d'Andorre ❺ (source et abreuvoir) et suivez la crête qui s'élève à l'est (passage non balisé, mais cairné). Entre sentes de brebis et affleurements rocheux karstiques, vous atteignez le sommet ❻ en 15 minutes depuis le col.

Circaète Jean-le-blanc

La roche calcaire, ici appelée lapiaz, est régulièrement striée de petits creux et rigoles. C'est la marque d'une formation karstique. Sous vos pieds, sur l'ensemble de la Réserve naturelle du massif du Pibeste-Aoulhet, c'est un véritable gruyère ! L'eau a creusé plus de 1 500 gouffres et cavités connues à ce jour...

Au sommet, c'est l'heure de la contemplation tous azimuts ! Laissez vos yeux naviguer sur toutes les pointes, crêtes et vallons qui s'offrent à vos yeux. Au sud-est, le panorama démarre au Montaigu en passant par le pic du Midi de Bigorre jusqu'à l'ouest avec le Balaïtous et le pic de Bazès. Retournez-vous, par temps clair, pour observer la plaine de Lourdes, Tarbes et même Pau qui n'est qu'à quelques coups d'ailes de vautours fauves.

Après ce temps de rêverie qui vous inspirera d'autres destinations estivales, il sera temps de penser à la descente. Le retour s'effectue par le même sentier qu'à l'aller.

Gwénaëlle Plet (D'une montagne à l'autre)

Les habitués des lieux

- Vautour fauve, vautour percnoptère, circaète Jean-le-blanc, milan noir et royal, merle à plastron, traquet motteux...
- Sanglier, mouflon, chevreuil, renard...
- Couleuvre vipérine, lézard vert, salamandre tachetée...
- Nombreux papillons (argus bleu, machaon, vulcain...) et orthoptères (œdipode bleu, éphippigère...)...
- Hêtre, if, cirse laineux, scabieuse, bruyère vagabonde...

Col d'Andorre

Quel est ce gros oiseau blanc qui vole sur place ?

Grosse tête noire, bout des ailes noires, mais le reste du corps est blanc. Sa queue est en forme de triangle et il vole en faisant du sur place... Ne vous étonnez pas s'il descend rapidement vers la pelouse rocheuse et remonte dans les airs avec un long « fil » qui pend de son bec. C'est le circaète Jean-le-blanc qui vient d'attraper une couleuvre ou une vipère ! Il ne consomme que des reptiles.

LE MOUFLON DE CORSE

mâle aura du mal à mentir sur son âge, qui est inscrit sur ses cornes ! Leur développement, qui commence dès la naissance, s'interrompt chaque année entre l'hiver et le printemps. C'est à ce moment-là qu'un anneau de croissance prend forme. En comptant ces anneaux sur les cornes recourbées du mouflon, vous pourrez déterminer son âge.

12 Réserve naturelle du Pibeste

UN PETIT COIN DE MÉDITERRANÉE

NIVEAU

LOCALISATION

ÉCOUTEZ SURVOLEZ IDENTIFIEZ

Ouzous
GPS 43.02997, -0.10732

ACCÈS

Depuis Lourdes. Prendre D 821, puis la D 921B en traversant Agos Vidalos. Prendre ensuite la D102 en direction de le Castillou. Se garer au parking aménagé d'Ouzous.

DURÉE / DIFFICULTÉ

12 km. ↗ 769 m. 5 h. Balisage jaune.

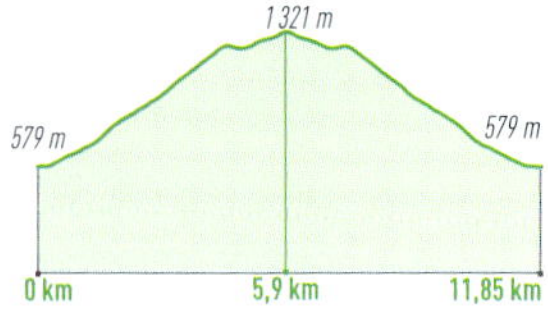

CONSEILS

Période : Toute l'année, mais l'hiver vous pourrez parfois trouver de la neige à partir du col des Portes.

Découvrez une nature riche et variée, du climat méditerranéen au climat montagnard, sous l'œil bienveillant des mouflons. De ce modeste sommet, un panorama remarquable s'offre à vous.

✖ À partir du parking aménagé à l'entrée du village d'Ouzous, suivez le balisage jaune. Vous traversez le village et passez devant l'Estanca puis les sources intermittentes de l'Oulhet. Vous traversez un second ruisseau et au ❶, prenez le sentier qui monte devant. Vous retrouvez une piste et la suivez à gauche. Continuez sur la piste jusqu'au point ❷.

Le long du chemin, vous trouverez de l'origan, très aromatique, utilisé en cuisine. L'origan n'est autre que la marjolaine sauvage. De l'été à l'automne, vous verrez les belles guirlandes du tamier, qui décore les haies de ses baies rouges (toxiques). Vous reconnaîtrez au bord du chemin la garance voyageuse à ses feuilles rêches et disposées par quatre face à face, et qui s'accroche à vos doigts et à vos vêtements pour être transportée et disséminée. Autrefois, dans des villages du sud de la France, il était extrait un colorant de la racine, le rouge garance, qui a servi pour teindre les pantalons des soldats de la guerre de 1870.

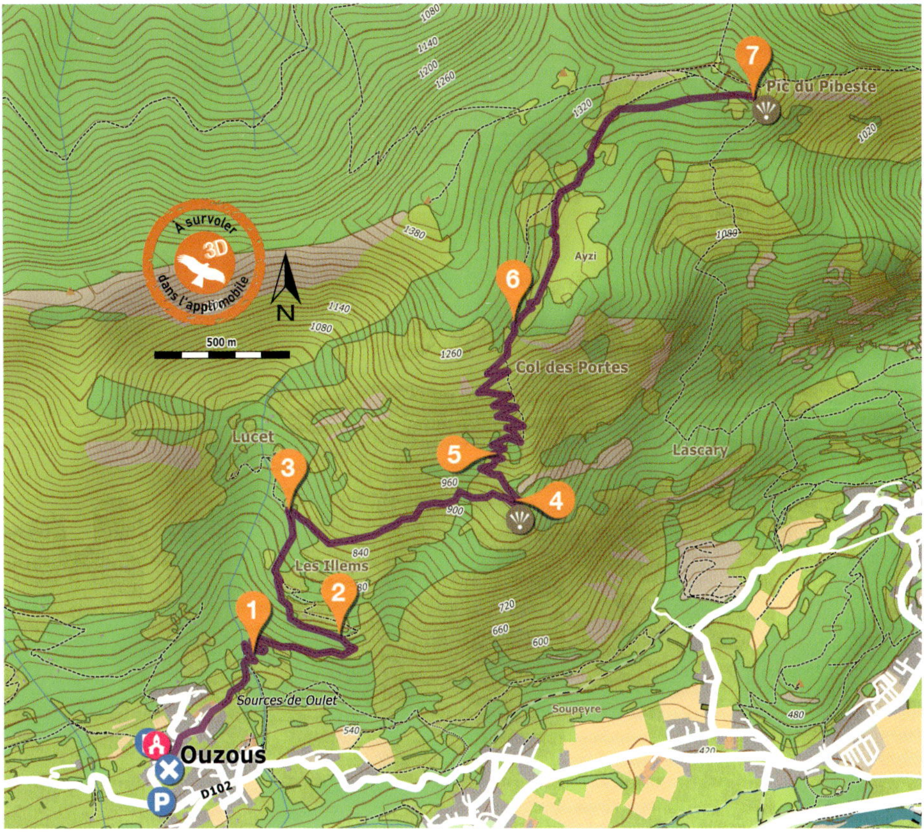

Au point ②, vous arrivez à une bifurcation. La piste suit un virage serré à droite. Délaissez la piste dans ce virage et continuez tout droit par un sentier, toujours balisé en jaune.

Vous longez une haie de buis, récemment défolié par la chenille de la pyrale du buis, et à vos pieds volette peut-être un petit papillon d'un bleu azuré : l'argus bleu. Si vous regardez les arbres à votre gauche, vous découvrez des chênes pubescents. Ils doivent leur nom au duvet blanchâtre qui recouvre le dessous des feuilles et des jeunes rameaux. C'est le principal chêne « truffier » dans les grandes régions de production. Vous verrez et entendrez peut-être dans ces arbres des mésanges charbonnières, noires, bleues et le grimpereau des jardins, petit passereau qui monte le long du tronc à la recherche d'insectes.

On me traite de tous les noms d'oiseaux...

On m'appelle la Marie-Blanche, la Poule de Pharaon, le Poulet de Malte, la Dame-Blanche du chemin des vaches, Auquetta (petite oie blanche), Sai Xuria (vautour blanc), mais qui suis-je ? Le vautour percnoptère, dont quelques couples nichent dans les parois du Pibeste. Migrateurs, ils arrivent en mars et repartent en septembre vers l'Afrique subsaharienne.

Massif du Pibeste-Aoulhet

Sittelle torchepot

Pyrénées ou Méditerranée ?

Les influences du climat local s'observent par la végétation. Ici, la montagne bénéficie d'un microclimat plus sec et plus chaud que le reste de la vallée, en raison du relief et de la nature de la roche. Vous pourrez ainsi noter une évolution dans la distribution des plantes. Les niveaux inférieurs sont occupés par une végétation d'origine méditerranéenne, tandis que plus haut, vous retrouverez les formations végétales montagnardes plus classiques.

Le sentier s'élargit en une piste. Continuez sur une centaine de mètres, vous arrivez au point ❸. Quittez alors la piste pour prendre le sentier qui monte à droite, balisé en jaune.

Vous pouvez remarquer çà et là des prunelliers, arbrisseaux dont certains petits rameaux se transforment en épines redoutables. Après une rigoureuse identification, si vous ne connaissez pas la signification du terme « astringent », goûtez une prunelle. Elle laisse une drôle de sensation dans la bouche, c'est l'astringence : un resserrement des tissus de la muqueuse. Après une première gelée, ces prunelles deviendront comestibles.

❹ Vous parvenez à un belvédère.

Le point de vue montre ici combien les activités humaines millénaires ont façonné le paysage. Le fond de vallée, très large, a permis aux hommes, après les grandes glaciations, de s'installer tout près de la haute chaîne. Au-dessus des cultures, vous pouvez distinguer soit des forêts dans les zones à forte pente en exposition nord, soit des prairies de fauche et des pâturages d'intersaison. Au-dessus et jusqu'à la limite des rochers, vous trouverez les pâturages d'été, appelés « estives ».

Poursuivez la balade par le sentier balisé en jaune

Vous rencontrerez par ce sentier diverses espèces méditerranéennes qui poussent ici : l'alaterne, aux petites feuilles disposées alternativement sur le rameau, le pistachier térébinthe, cousin des pistaches

L'exode du mouflon corse

Le mouflon, d'origine corse, provient des descendants de moutons à peine domestiqués et introduits, il y a 7 000 ou 8 000 ans, par les premiers occupants venus d'Asie Mineure. Devant la baisse inquiétante de sa population en Corse dans les années 1950, il était nécessaire pour sa survie de le protéger et d'implanter l'espèce dans des lieux adaptés à ses besoins. C'est pourquoi le mouflon est présent maintenant dans différents massifs montagneux français, et notamment dans les Hautes-Pyrénées depuis 1978.

Les habitués des lieux

Vautours fauve et percnoptère, circaète Jean-le-blanc, sittelle torchepot, mésanges, bouvreuil pivoine, pouillots véloce et siffleur, fauvette à tête noire...

Chevreuil, sanglier, mouflon, blaireau, écureuil...

à grignoter, l'érable de Montpellier, aux feuilles trilobées, la viorne lantane, aux fleurs en corymbe blanche odorante, l'immortelle stoechas, à la fleur jaune au parfum de curry.

5 Vous retrouvez le sentier qui monte au Pibeste. D'ici, une montée très progressive vous permettra de prendre de l'altitude tranquillement.

Peut-être verrez-vous sauter l'oedipode bleuissant ? Une espèce de criquet dont les ailes sont d'un beau bleu. Si vous aimez les plantes aromatiques, regardez le long du sentier. Vous trouverez encore de l'origan, mais aussi de la sarriette, aux fleurs blanches, et du thym, très utilisé en cuisine et en infusion contre les maux de gorge et pour aider la digestion (mais attention, sa cueillette est interdite !). Il est antiseptique et expectorant. Vous apercevrez probablement les grands vautours fauves passer au-dessus de votre tête, et avec de la chance, les vautours percnoptères, le gypaète barbu et le circaète Jean-le-Blanc.

6 Vous passez le col des Portes (1 229 m). À la bifurcation, prenez le sentier de droite qui traverse la pâture et pénètre de nouveau dans la forêt.

Vous traversez une hêtraie. Entendez-vous tambouriner le pic épeiche ? Vous verrez sûrement la sittelle torchepot, qui monte le long des troncs et en descend la tête en bas. En cherchant bien près des endroits humides, vous repérerez des empreintes de blaireau, de chevreuil et de mouflons.

7 Vous voici au sommet (1 349 m). Superbe panorama, vers la plaine. Les bâtiments sont ceux d'une ancienne gare de téléphérique. Pour le retour, suivez le même itinéraire.

Stéphane Martineau (Association Natura)
Relecture : Gwénaëlle Plet (D'une montagne à l'autre)

Laie

13 Lac de Castet et Gave d'Ossau

LE ROYAUME DU CINCLE PLONGEUR

NIVEAU ●○○

LOCALISATION

Castet
GPS 43.06535,
-0.4237

ÉCOUTEZ SURVOLEZ IDENTIFIEZ

ACCÈS

Depuis Arudy, suivre la D 920 sur environ 5 km. Vous passerez au-dessus du lac de Castet en voiture (il sera sur votre gauche). Le parking se trouve juste après sur la gauche.

DURÉE / DIFFICULTÉ

3 km. ↗ 12 m. 2 h. Sentier parfois boueux, prévoir des bottes après temps humide.

CONSEILS

Le lieu est très fréquenté en été, privilégiez alors les heures matinales ou le crépuscule. Les animaux y sont plus actifs. Des jumelles peuvent être utiles, notamment pour l'observation des oiseaux d'eau, qui sont souvent éloignés.

La végétation caractéristique qui borde les cours d'eau que vous longerez est appelée « saligue » par les locaux. Elle sera pour vous une alliée de choix, car elle vous permettra d'observer le cincle plongeur avec une proximité rarement égalée.

✖ Depuis le parking, dirigez-vous vers la clôture. Un portail en bois est prévu pour le passage des promeneurs, il faut le pousser. Il se referme seul. Après l'enclos des ânes, prenez à gauche. Il faut quasiment en faire le tour. Empruntez le sentier qui mène à l'observatoire, vous allez traverser un petit sous-bois. Le sentier se transforme en ponton en bois jusqu'à arriver à la plateforme ①.

Depuis la plateforme, on aperçoit le clocher de l'église de Castet, ainsi que son cimetière.

Le grèbe castagneux fait entendre son cri puissant sur la surface du lac. Cet oiseau d'eau minuscule, ressemble à s'y méprendre à un caneton, mais il n'est sont pas du tout de la même famille que les canards. Le canard colvert niche lui aussi sur le lac. Arriverez-vous à faire la différence entre les grèbes et les canetons ?

Autour du ponton en bois, là où l'eau est moins profonde, vous repérerez peut-être un petit serpent. Il s'agit de la couleuvre vipérine, inoffensive pour l'Homme. C'est le plus aquatique de nos serpents ; cette couleuvre passe la majeure partie de sa vie dans les eaux calmes, à la recherche de petits poissons et d'amphibiens pour se nourrir.

Il faut ensuite faire demi-tour pour rejoindre l'enclos des ânes. Suivez le grand chemin principal vers la gauche, qui passe devant le restaurant et rejoint la berge du gave d'Ossau ❷. En suivant la berge du gave vers la droite, vous trouverez un petit sentier qui passe dans le sous-bois. Empruntez-le.

Ce sentier permet d'être caché et d'avoir un très bon point de vue ❸ pour observer la star du site : le cincle plongeur. Il se reconnaît facilement à son dessus noir et son plastron blanc. Sa spécialité ? Il est le seul passereau d'Europe à plonger dans l'eau pour se nourrir. Il aime particulièrement les courants d'eaux rapides, c'est pour cela qu'il est inféodé aux montagnes. Il est très commun sur ces rivages, profitez-en donc pour observer son comportement atypique. Ici, le cincle côtoie le chevalier guignette, petit limicole migrateur qui niche en Scandinavie et hiverne jusqu'en Afrique. On le reconnaît à son vol au ras de l'eau et son long bec, qui lui sert à trouver sa nourriture (des vers et autres invertébrés). Si vous n'arrivez pas à l'identifier, vous pourrez vous consoler en profitant du bruit apaisant de l'eau de la rivière. Dans le bois qui borde le gave, il n'est pas rare d'observer l'écureuil roux. S'il est inquiet, il poussera des cris qui vous aideront à le repérer. Pas très malin l'écureuil.

Cincle plongeur

En continuant sur le sentier, vous finissez par retrouver le chemin principal. Tournez à gauche. Il y a, plus loin sur votre droite, une aire de pique-nique ❹ tout à fait agréable où vous pourrez faire une pause. Vous pouvez continuer tout droit jusqu'à un portail qui délimite l'espace naturel. Il faudra ensuite faire demi-tour.

Tout le long du sentier, une grande plante avec des fleurs roses très particulières attire votre attention. Il s'agit de l'impatiente, ou balsamine. La forme de la fleur permet aux insectes pollinisateurs de se poser et de récolter le nectar, très abondant, de cette plante. La suite de l'histoire est très célèbre, l'insecte (l'abeille étant le plus emblématique) butine de fleur en fleur et transporte ainsi le pollen

INFORMATIONS TOURISTIQUES

Visitez le village de Castet, sans manquer son église, d'où vous contemplerez une magnifique vue sur l'ensemble du lac de Castet.
Allez faire un tour à la falaise aux vautours à Aste-Béon, un musée qui vous permettra de mieux connaître les vautours et de bien les observer.

Histoire de Castet

Le village fut une place forte de la vallée d'Ossau, surtout après la construction du château au XIIIe siècle. Il sera déconstruit en 1450, par les hommes, qui jugeaient ce château comme un acte d'orgueil de la part des nobles béarnais.

Les habitués des lieux

Cincle plongeur, vautour fauve, grèbe castagneux, bergeronnette des ruisseaux, chevalier guignette, martin-pêcheur d'Europe, milan royal, canard colvert, grive musicienne...

Écureuil roux, renard roux, chevreuil...

Couleuvre vipérine, crapaud épineux...

La réserve naturelle d'Ossau

La pène de Béon fait partie d'une réserve naturelle qui fut créée en 1974 pour protéger la population de vautours qui s'est installée là pour nicher. Les effectifs de vautours sont passés d'une dizaine de couples à sa création à plus d'une centaine aujourd'hui !

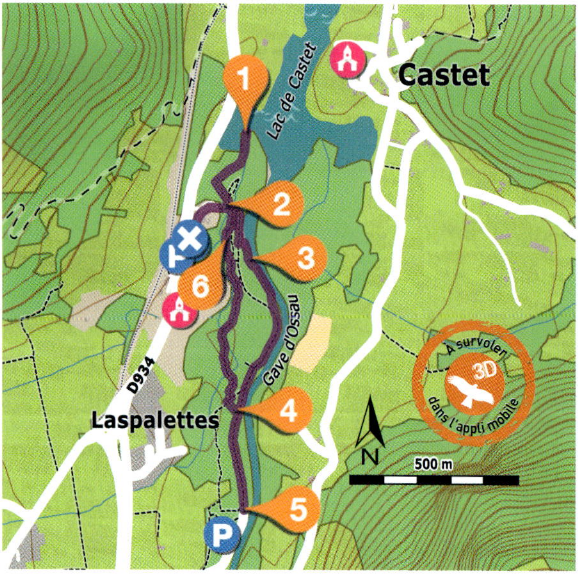

d'une plante à l'autre. Plus loin sur le chemin, une montagne nous surplombe sur la gauche 5 : c'est la falaise aux vautours (ou pène de Béon). Elle est nommée ainsi, car des vautours fauves et percnoptères y ont élu domicile pour nicher. Vous verrez ces immenses rapaces planer autour de la falaise et peut-être repérerez-vous les nids.

Une fois que vous aurez atteint le portail et effectué un demi-tour, vous serez de retour à l'aire de pique-nique. Tournez à gauche (traversez-la), puis au fond, se situe un sentier qui part sur la droite. Ce sentier passe par le sous-bois. Il est souvent boueux, mais la présence de quelques passerelles permet de ne pas trop se salir.

Écureuil roux

Le sous-bois est un tout autre environnement. Il fait tout à coup plus sombre. Les oiseaux chantent à tue-tête. La grive musicienne a la voix la plus forte du cortège, pas forcément la plus mélodieuse. Elle est cependant très reconnaissable. Sur le sol, essayez de repérer les traces de pattes de chevreuil. Il sort de sa cachette la nuit, lorsque le lieu est plus calme. On entend alors son cri très effrayant.

Arrivé presque au restaurant, le sentier se dirige vers une grande mare 6.

Elle est l'habitat idéal pour que les amphibiens, tels que le crapaud épineux qui vient y pondre ses œufs. La bergeronnette des ruisseaux, que vous avez sûrement repérée à ce stade de la balade, peut se percher sur la plateforme en bois lorsque le temps est gris. Elle est cependant plus souvent sur les pierres du gave pour y chercher sa nourriture. Le mouvement de la queue de bas en haut est caractéristique des bergeronnettes.

Après les mares, rejoignez l'enclos des ânes et le parking en prenant le sentier situé à gauche du square.

Sébastien Arriubergé

Grèbe castagneux

Le Lac de Castet, naturel ?

Le lac est en fait un barrage qui a été créé en 1957. La saligue, elle, était bien présente avant puisque le gave s'élargissait à cet endroit. Le barrage a permis l'installation d'espèces qui ont besoin d'eaux calmes pour se reproduire et qui ne seraient pas là sans lui.

Lac de Castet

L'OURS BRUN fait son grand retour en France. Sur notre territoire, la plus grande population d'ours se concentre pour le moment dans les Pyrénées béarnaises. L'espèce a failli s'éteindre mais des campagnes de réintroduction organisées dans les années 2000 lui ont donné un nouveau souffle. Les ours ont peut-être bénéficié d'un petit coup de pouce humain, mais l'heureuse nouvelle de la naissance de plusieurs oursons témoigne de leur accommodation au milieu.

14 Bois du Bager

AU PIED DES ARBRES CENTENAIRES

Le bois du Bager est une vieille forêt composée principalement de hêtres et de chênes. Ces géants centenaires de plus de 30 mètres créent un milieu unique, qui abrite une faune qui l'est tout autant.

NIVEAU ●●○

LOCALISATION

Oloron-Sainte-Marie
GPS 43.12247, -0.53883

ÉCOUTEZ SURVOLEZ IDENTIFIEZ

ACCÈS

Depuis Oloron Ste-Marie, prendre la N 134 dir. Huesca/Saragosse/Gurmençon. Au milieu du village d'Asasp, prendre à gauche la D 918 vers Arudy/Laruns. Suivre cette route sur 8 km, au carrefour avec la D 338 après une cabane le parking sera plus loin sur la droite.
Depuis Arudy, prendre la D 918 dir. Eysus/Bois du Bager pendant 12 km, le parking sera sur votre gauche.

DURÉE / DIFFICULTÉ

9,86 km. ↗ 329 m. 3 h 30. Le sentier peut être boueux et glissant par endroits.

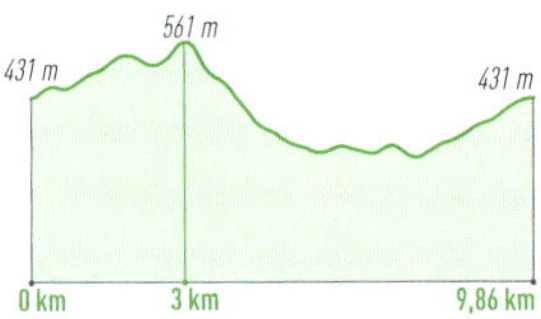

Au bout du parking (à gauche quand vous êtes dos à la route) se trouve un chêne qui a 136 ans. L'itinéraire commence à sa gauche.
Vous arrivez tout de suite au cœur de la forêt. Les hêtres et les chênes sont immenses, il est impossible de voir leur cime. Le bois est humide et sombre, ce qui favorise le développement des champignons et de ceux qui s'en nourrissent, comme les limaces. Elles sont très abondantes ici. Malgré leur réputation, les limaces jouent un rôle primordial dans la décomposition de la matière organique. En se nourrissant de la litière, elles participent à son humification, c'est-à-dire sa transformation en humus.

Restez bien sur le sentier qui part d'abord un peu sur la gauche puis à un croisement, poursuivez sur la droite. Il y a ensuite un cairn qui vous indique que vous êtes sur le bon chemin. En continuant, vous trouvez des petites mares sur votre itinéraire 1.
Bien que temporaires, ces mares ont une importance capitale pour les amphibiens qui peuplent la forêt. Ils viennent s'y reproduire et

pondre leurs œufs et c'est ici que se développeront leurs larves (têtards). L'alyte accoucheur se distingue du fait de son mode de reproduction très particulier. Le mâle prend en charge les œufs sur ses pattes, pendant quelques semaines, avant de les déposer dans l'eau juste avant leur éclosion. Les têtards se développeront dans la flaque, se nourrissant d'algues et autres plantes aquatiques. Les flaques contiennent également des larves de tritons, salamandres, grenouilles et crapauds.

CONSEILS
Ne manquez pas la remontée des saumons dans le gave d'Ossau, qui viennent pour pondre dans les frayères chaque année, majoritairement de novembre à janvier. Par temps humide ou après des pluies, prévoyez de bonnes chaussures qui accrochent bien, ou alors des bottes.

Continuez pendant un peu plus de 200 mètres sur le sentier, et arrêtez-vous devant l'un des doyens de cette forêt, un hêtre de plus de 230 ans ❷ !

Observez donc cet individu qui a connu la Révolution française ! Les vieux arbres comme celui-ci sont des écosystèmes à eux seuls. Ils abritent d'innombrables espèces de coléoptères, micromammifères, chauve-souris, oiseaux, qui ne pourraient pas survivre sans son existence. Le pic noir et le pic mar sont des adeptes des vieux arbres. Ils y forent avec leur bec une cavité pour nicher. Le pic noir est très reconnaissable à son plumage et à son chant spectaculaire. Si vous surprenez un pic noir, son cri d'alarme puissant vous donnera des frissons.
Le pic mar, lui, est beaucoup plus discret. Il est nettement plus petit, mais aussi plus rare. Cette espèce a besoin de bois mort ou au moins vieux, qui lui permettent de trouver sa nourriture.

Le maquis du Bager.

En juin 1944, les résistants du Bager sont attaqués par les Allemands. 4 sont tués, et 15 sont faits prisonniers, leur repère est brûlé. Le monument rend hommage aux victimes de l'attaque. Le maquis est nommé « Guy Môquet » en hommage au jeune lycéen résistant fusillé en 1941.

Poursuivez sur le sentier, vous débouchez sur un carrefour avec une route gravillonnée. Vous êtes au col du Cerisier. Prenez à gauche sur la route qui monte en lacets et suivez-la sur 300 mètres. Dans un virage, repérez sur votre gauche un sentier bien indiqué (direction Boulan), empruntez-le sur 2 kilomètres.

Le sentier s'engouffre dans un sous-bois sombre. On entend beaucoup d'oiseaux. La plupart d'entre eux sont difficilement visibles. Néanmoins, ils sont identifiables à leur chant. Vous pouvez vous exercer à différencier les différents chants de mésanges. Il y a ici 7 espèces. Elles ont toutes de très jolis plumages et facilement reconnaissables. Elles occupent aussi des endroits distincts de la forêt. La mésange noire préférera par exemple les lieux proches de conifères.
S'il fait humide, observez la boue qui favorise le repérage de mammifères. Les sangliers laissent des traces caractéristiques de leur bain de boue, les chevreuils se trahiront par leurs traces de pattes.

Grenouille rousse

Les habitués des lieux

Pic noir, pic mar, pic épeiche, martin-pêcheur d'Europe, bouvreuil, mésanges bleue, charbonnière, noire, nonnette, huppée, et à longue queue...

Loutre d'Europe, chevreuil, sanglier, renard roux, fouine, taupe, écureuil roux...

Triton palmé, alyte accoucheur, grenouille rousse, crapaud épineux...

Après 2 kilomètres, vous trouvez la route départementale. Traversez-la, tournez à gauche puis suivez la route sur quelques dizaines de mètres en restant bien sur le côté droit de la route. Ainsi, vous ne raterez pas le sentier qui part en contrebas de la route sur la droite.

Poursuivez ce sentier, qui peut parfois être glissant. Lorsque vous entendez la rivière, n'hésitez pas à vous rapprocher sur la droite 3 de manière à avoir un point de vue idéal pour faire des observations.

La rivière est l'habitat de prédilection du martin-pêcheur. Il y plonge pour attraper de petits poissons. Il se repère à son cri strident, mais se reconnaît à son plumage bleu éclatant.

Sur les berges de la rivière vit une autre créature extrêmement discrète : la loutre. Elle a reconquis cette forêt il y a quelques années. Il est presque impossible de la voir en plein jour, mais elle se trahit par ses traces de pattes, ainsi que par ses restes de repas ou encore ses crottes.

Le Bager : une histoire mouvementée.

La forêt a toujours été exploitée par les habitants locaux, pour les troupeaux, mais également pour le bois. Aussi, le bois du Bager est dans un piteux état au début du XIXe siècle. Ce n'est qu'après des mesures de gestion durable que le lieu a pu retrouver un bon état de conservation.

Martin-pêcheur d'Europe

Continuez sur le sentier, vous devez traverser un petit ruisseau, puis le chemin remonte. De temps en temps, placez-vous à droite du sentier.
Vous serez plus haut que tout à l'heure et pourrez observer la forêt dans son ensemble avec la rivière en contrebas ❹.

Le chemin s'élargit et un carrefour apparaît. Prenez le chemin à gauche marqué d'une croix rouge (elle ne concerne que les vélos). Le sentier devient un chemin de graviers. Suivez-le jusqu'à revenir sur la route (un peu moins de 2 kilomètres) en veillant à ne plus quitter la route vers la droite, qui est un chantier interdit au public. À la route, tournez à gauche pour retrouver votre voiture.
La fin de l'itinéraire passe devant un monument aux morts ❺, qui rend hommage aux combattants de la seconde guerre mondiale du maquis du Bager.

Sébastien Arriubergé

Retour de la loutre en France

La loutre, autrefois répandue dans toute la France, a subi un important déclin au XXe siècle, suite à une chasse importante et à la pollution de son habitat. Grâce aux efforts de conservation, la loutre retrouve les habitats qu'elle avait désertés, même si les effectifs sont encore loin de leur état initial.

15 Bocages de Buziet

À LA DÉCOUVERTE DU BOCAGE

NIVEAU ●○○

LOCALISATION

Buziet
GPS 43.15575,
-0.45127

ÉCOUTEZ
SURVOLEZ
IDENTIFIEZ

ACCÈS

Depuis Pau, prendre la rue Marca et la rue du 14 Juillet en direction de Av. Henri IV/N134 à Jurançon. Puis, suivre la N134 dir. de Montaut/D34 à Buziet. En arrivant au village de Buzy, tourner à la première route à gauche, la D 34 dir. Lasseube/Bélair. Continuer sur cette route pendant 1.5 km, puis, après le deuxième tunnel, vous trouverez sur votre gauche une vieille grange au pied d'un chemin. Se garer à côté. L'itinéraire commence depuis ce chemin.

Le bocage de Buziet est l'un des derniers bocages bien préservés. Ce sera l'occasion rêvée d'observer un grand nombre d'animaux qui peuplent ce milieu, y trouvent refuge et s'y nourrissent.

✖ Empruntez le chemin de pierres qui part de la vieille grange au pied de laquelle vous vous êtes garé. Il commence tout droit puis serpente entre les champs de maïs, les prés et les petits bois.

Les premiers mètres de ce sentier ❶ offrent un beau panorama sur les Pyrénées. Le massif qui se trouve juste en face est le massif de Lazèrque, où culmine le pic des Escurets à 1 440 mètres. Les champs de maïs que vous traversez sont des zones d'alimentation pour le blaireau d'Europe. Si vous voyez quelques pieds de maïs à terre, il est bien possible qu'un blaireau soit passé par là. Il coupe la tige de maïs à la base avec ses dents afin de récupérer l'épi qui est trop haut pour lui. La haie qui borde le chemin à cet endroit est le lieu de reproduction idéal pour l'hypolaïs polyglotte. Cet oiseau n'est pas connu pour son plumage, plutôt terne, mais mieux pour son chant. En effet, cette espèce est une grande imitatrice, qui incorpore des cris similaires à ceux d'autres oiseaux dans ses strophes.

En continuant toujours sur le chemin de pierres, vous finissez par arriver sur un carrefour avec une petite route goudronnée, peu fréquentée. Tournez à droite sur cette route et continuez sur 300 mètres. Vous trouvez, légèrement sur votre gauche, un nouveau chemin de pierres. Prenez-le.

Tout le long de ce chemin ❷, se trouvent des champs de maïs d'un côté, des prés de l'autre, et des haies omniprésentes entre les deux. C'est cela le bocage, une succession de champs séparés par de la végétation haute, des haies ou des talus. Les prés, souvent en fauche, attirent de très nombreux rapaces, dont le magnifique élanion blanc, qui a récemment colonisé le pays depuis l'Afrique. Le renard roux profite également des prairies fauchées.

DURÉE / DIFFICULTÉ
6 km. ↗ 40 m. 3 h.
Pierres glissantes par temps humide.

CONSEILS
Préférez le printemps et la fin d'été pour éviter les grosses périodes agricoles (qui ne sont toutefois pas inintéressantes), mais également pour profiter du pic de migration des passereaux et des rapaces, très nombreux par moments. Pensez à prendre des jumelles et un appareil photo.

INFORMATION TOURISTIQUE
Lors votre passage à Buzy allez visiter le charmant cœur du village ainsi que son église.

Pie-grièche écorcheur

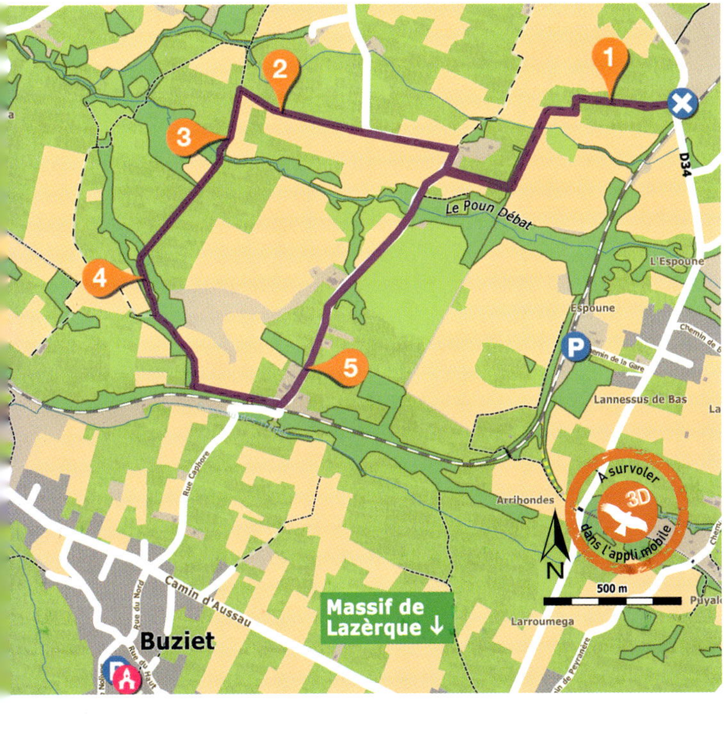

▲ De grands voyageurs

Les gobemouches, l'hypolaïs polyglotte ainsi que la pie-grièche écorcheur sont tous des migrateurs transsahariens. Ils traversent le désert du Sahara pour relier leurs quartiers d'hivernage en Afrique à leurs zones de nidification en Europe. Une prouesse pour des oiseaux de souvent moins de 20 grammes.

Vue sur les Pyrénées

La naissance des bocages de Buziet

Les bocages de Buziet ont été créés suite au défrichement de la forêt pour l'agriculture, dans les années 1970. Le milieu originel ici était la forêt de chênes. La nature a pourtant réussi à s'adapter au nouveau milieu établi, même si certaines espèces ont été perdues.

En effet, tout comme les rapaces, il se nourrit des rongeurs qui s'enfuient au passage des tracteurs ou qui ne trouvent plus d'endroits où se cacher.

Vous trouvez encore une fois un carrefour. Prenez à gauche sur un sentier qui descend légèrement et se transforme petit à petit en chemin de terre.

Ici, un oiseau typique du bocage a trouvé le lieu idéal pour se reproduire : la pie-grièche écorcheur. Le mâle est très reconnaissable, avec son bandeau noir sur la tête. Cet oiseau est un prédateur qui se nourrit de gros insectes (papillons, sauterelles) mais aussi de rongeurs ou de lézards des murailles qui sont très nombreux ici. La pie-grièche a une habitude très curieuse, elle empale ses victimes sur des piquants de fils barbelés ou de ronces, pour en faire un garde-manger. Rassurez-vous, vous êtes trop lourd pour finir embroché…

Élanion blanc

En suivant le chemin, on tombe sur un petit ruisseau, le Poun Débat ❸. Ce petit ruisseau permet à l'écureuil roux de s'abreuver. Il n'a pas d'autre choix que de venir à terre pour venir boire. C'est là que vous pourrez le surprendre si vous êtes suffisamment discret. Au bord du ruisseau aussi, est présente la caloptéryx vierge, une belle libellule turquoise, au vol caractéristique. Les mâles sont bleus tandis que les femelles sont brunâtres.

Toujours en continuant sur le chemin, vous tombez sur une fougeraie 4. Continuez à gauche sur le sentier principal.
Ce lieu est idéal pour les passereaux migrateurs qui y trouvent une abondante quantité de nourriture, fruits comme insectes. Parmi eux, vous trouverez en grand nombre des représentants du gobemouche noir et du gobemouche gris en fin d'été. Ils se repèrent facilement à leurs cris incessants et à leurs claquements de bec. Ce lieu est utilisé comme cachette diurne par le chevreuil d'Europe. Si vous le surprenez, il poussera un énorme grognement, assez inattendu.

Au bout de la fougeraie, prenez à gauche sur une route qui redevient pierreuse. Elle longe un champ de maïs, suivez-la sur 300 mètres environ, jusqu'à ce que vous retrouviez une route goudronnée. Tournez à gauche pour l'emprunter.
Admirez les belles fermes béarnaises 5, typiques de la région. Le bas-côté herbeux est très large, ce qui vous permet de marcher en sécurité.

En continuant tout droit sur cette route, vous reconnaissez le premier carrefour de la balade. Vous reprenez donc à droite sur le chemin pierreux et finissez votre parcours sur le même chemin que vous avez emprunté.
Admirez une dernière fois les Pyrénées, elles sont toujours aussi majestueuses. Vous apercevrez peut-être le pic du Midi d'Ossau, de quoi rêver à vos futures excursions.

Sébastien Arriubergé

Les habitués des lieux

Vautour fauve, milan royal, élanion blanc, pie-grièche écorcheur, gobemouche noir, gobemouche gris, hypolaïs polyglott...

Renard roux, chevreuil d'Europe, lièvre d'Europe, sanglier, blaireau, écureuil roux...

Crapaud calamite, alyte accoucheur, lézard des murailles, couleuvre à collier...

Nombreux papillons (petite tortue, vulcain, azuré des nerpruns,...), caloptéryx vierge...

16 Jurançon

VIGNOBLE ROYAL DES PYRÉNÉES

NIVEAU ●○○

LOCALISATION

Jurançon
GPS 43.26993,
-0.42294

ÉCOUTEZ SURVOLEZ IDENTIFIEZ

ACCÈS
Depuis Jurançon, continuer tout droit sur la N 134 après le pont qui traverse le Neez. Au rond-point, prendre la deuxième sortie, dir. D 268/coteaux de Jurançon. Poursuivre sur la route principale. Après 5 km, tourner à droite sur « Clos Thou » et « Clos Lapeyre ». Suivre les directions qui indiquent « Clos Lapeyre ». Petit parking au clos.

DURÉE / DIFFICULTÉ
2 km. ↗ 40 m. 1 h 30.
Le sentier est très bien balisé par des petites flèches vertes. Il faut parfois les chercher.

Les vignobles de Jurançon furent popularisés par les membres de la royauté française. Les champs de vignes et les montagnes créent un paysage qui change au gré des saisons, passant de l'or à l'automne, au vert au printemps.

Ⓧ Depuis le parking, continuez sur la route goudronnée, il y a des rondins de bois sur la gauche. Vous allez vite apercevoir des vignes. Lorsque vous verrez un grand espace dans les vignes ❶, ainsi qu'un changement d'orientation des rangées, tournez à droite dans les vignes. Vous devez repérer la première petite flèche verte.

On remarque qu'à chaque début de rangée, est planté un rosier. Ils ne sont bien sûr pas là de façon naturelle ; ils ont été plantés afin de jouer un rôle de sentinelle. En effet, les maladies qui touchent la vigne touchent aussi les rosiers, mais ces derniers sont atteints plus rapidement. Cela permet au vigneron de savoir si ses vignes vont être

CONSEILS

En automne, les feuilles dorées des vignes créent un paysage magnifique sous fond de Pyrénées. Les premiers jours de vendanges donnent un jus de raisin pétillant et faiblement alcoolisé, le bourret.

INFORMATIONS TOURISTIQUES

Allez visiter la cave du Jurançon, et goûtez-y le vin qui fait la renommée de toute la région.

attaquées, et de les prémunir contre la maladie. Le chardonneret élégant passe souvent en petite troupe bruyante au dessus des vignes. Il se repère facilement à ses ailes tachetées de jaune. Il vient dans le secteur pour se nourrir de graines de chardons, qui poussent aux abords de la plantation.

Les habitués des lieux

- Aigle botté, milan noir, léiothrix jaune, pic vert, pic épeiche, rouge-gorge familier, chardonneret élégant, fauvette à tête noire…
- Blaireau, renard, lapin de Garenne…
- Couleuvre verte et jaune, couleuvre d'Esculape, lézard des murailles, crapaud épineux…

Les flèches vertes vous dirigent vers le bas de la parcelle en tournant à droite dans une rangée.

Vous remarquez une rangée d'arbres dans les vignes ❷. Ces arbres servent de réservoir de biodiversité au milieu du champ cultivé. Il sont également un refuge pour de nombreux insectes, mais aussi des oiseaux, qui peuvent y faire leur nid. C'est le cas du merle noir. À l'automne, le merle viendra volontiers piquer quelques raisins. Au printemps, il se concentrera sur des insectes et autres invertébrés, qui sont plus nourrissants pour ses poussins. L'arbre aux branches jaunes que vous rencontrez souvent est un osier. Ils sont historiquement utilisés par les vignerons pour attacher les jeunes vignes à leur piquet tuteur, ainsi elles poussent droit.

Couleuvre verte et jaune

Rosier au pied des vignes

Au sol, un papillon orange vif attire l'attention. C'est une mélitée orangée (qui porte bien son nom). Elle rappelle la couleur que les feuilles prennent à l'automne.

Le sentier vous amène au bout du champ, à une lisière de forêt avec de nombreux ronciers ❸.

Vous êtes face à une limite entre deux habitats que l'on appelle écotone. Ce sont souvent des espaces très riches, car ils sont un mélange de plusieurs milieux. C'est l'endroit idéal pour observer la couleuvre verte et jaune. Elle apprécie particulièrement ces milieux, qui lui procurent à la fois de l'ombre et du soleil. Elle a en effet besoin des deux pour réguler sa température interne. C'est ici aussi que vous aurez le plus de chance d'observer un mammifère, ou plus probablement ses traces. Blaireau, renard et lapin sont des espèces qui fréquentent les environs. Cependant, si proche des habitations, ces animaux ont appris à fuir la compagnie de l'homme et sont peu visibles. La fauvette à tête noire niche dans les ronciers. Vous l'entendrez plus souvent que vous ne la verrez, son chant est très puissant. Comme le merle, la fauvette ne dédaignera pas un grain de raisin de temps en temps.

Aigle botté

Le chemin vous fait longer des rangées, ne ratez pas les flèches vertes qui vous guideront vers une rangée sur la gauche pour remonter. Une fois que vous êtes arrivé à la petite route, retournez-vous pour admirer le beau panorama ❹.

Devant vous s'étend un paysage typique du Béarn : des collines qui alternent forêts et parcelles agricoles. Ici, la plupart sont des vignobles. Le point de vue permet également l'observation des rapaces. Le plus courant est le milan noir. Il parade spectaculairement en vol, et se bat avec ses congénères. Parmi eux, plus discret, peut se trouver un aigle botté. C'est un aigle, mais il n'est pas plus gros que le milan. L'aigle botté est un oiseau au plumage variable. Certains individus sont de couleur crème et sont facilement identifiables. D'autres sont de couleur sombre, marron, et sont alors plus difficiles à distinguer des milans noirs. Les milans noirs et les aigles bottés passent l'hiver en Afrique et reviennent ici pour se reproduire.

Traversez la route, et trouvez la rangée d'en face marquée d'une flèche verte pour continuer la balade.

Au bout de cette rangée, un autre bosquet permet d'observer un petit oiseau très coloré : le léiothrix jaune. Cet oiseau, originaire de Chine, est difficile à voir, car il bouge très rapidement dans les fourrés. Cependant, il est aussi très bruyant et se déplace en groupe, ce qui vous aidera à le repérer. Il tient compagnie aux rouges-gorges, qui sont eux plus solitaires. Le rouge-gorge se promène volontiers à terre, pour y chercher de petits invertébrés pour lui ou ses petits.

La balade vous amène à une ferme 5 qu'il faudra traverser. Un passage à côté du portail est prévu à cet effet. Il est cependant possible de remonter, en tournant vers la gauche, dans une rangée de vigne avant la ferme. Vous rejoignez la route et devez tourner à droite dans les deux cas. Cette route vous amène à un croisement. Prenez à gauche et continuez tout droit jusqu'à votre voiture.

Sébastien Arriubergé

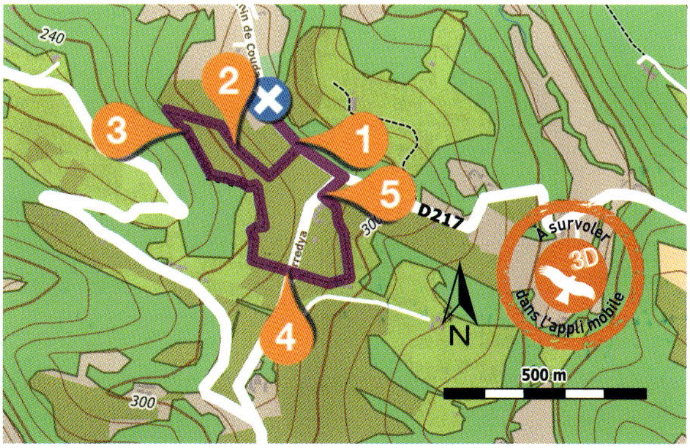

Histoire du vin du Jurançon

Le Jurançon doit sa célébrité au roi Henri IV. En effet, durant le baptême de ce dernier, en 1553, Henri II humidifie les lèvres d'Henri IV avec un vin de Jurançon. Le baptême au Jurançon est devenu une tradition dans la famille royale, ce qui participa à créer sa légende.

Le léiothrix jaune, une espèce exotique

Le léiothrix est originaire d'Asie du Sud-Est. En s'échappant de captivité dans les années 90, il a réussi à coloniser tout le Béarn, dont les conditions climatiques sont proches de son habitat d'origine. Aujourd'hui, la population se compte en milliers d'individus.

LE VIGNOBLE DE JURANÇON

fait face aux Pyrénées et offre un cadre somptueux pour la production de son vin historique. Le vin de Jurançon aurait servi au baptême du roi Henri IV, le faisant ainsi entrer dans la légende !

17 Le Rey

LA PORTE DES PYRÉNÉES

NIVEAU ●○○

LOCALISATION

Castet
GPS 43.06323, -0.38011

ÉCOUTEZ SURVOLEZ IDENTIFIEZ

ACCÈS

Depuis Castet, après le monument aux morts prendre à gauche au carrefour. Suivre la route tout droit, pour sortir du village. Rester sur la gauche au croisement. Continuer pendant quelques kilomètres pour rejoindre le plateau.

DURÉE / DIFFICULTÉ

6 km. ↗507 m. 3 h 30.

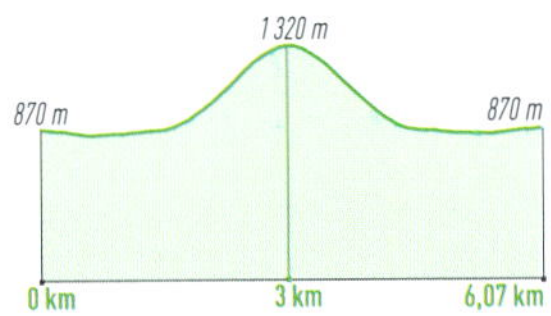

Le Rey offre une vue panoramique de toute la plaine de Pau au nord, et des pics pyrénéens au sud. Le paysage change chaque saison, chaque jour même, en fonction de la météo, si bien que chaque ascension est différente.

L'itinéraire commence au port de Castet. Prenez quelques minutes pour admirer le plateau, puis reprenez à pied la route allant à Castet et par laquelle vous êtes sûrement arrivés en voiture.

À chaque début d'été, les troupeaux de vaches sont rassemblés sur le plateau avant de rejoindre les hauts pâturages. Certains oiseaux ont le même comportement. En attendant que la neige fonde plus haut en altitude, le pipit spioncelle occupe cette zone. Ces prairies lui procurent nourriture et eau jusqu'à qu'il soit temps pour lui d'aller nicher dans les alpages. Le plateau, et notamment les nombreux points d'eau qu'il offre, attire aussi le vautour percnoptère, qu'on observe fréquemment s'abreuver ici. Son plumage blanc le rend très facile à repérer.

① Traversez la barrière canadienne. Suivez la route sur 500 mètres à peu près puis prenez le chemin à droite, dont le début est marqué par des abreuvoirs. Continuez sur ce chemin puis, lorsque vous passerez un ancien portail vert, tournez légèrement à gauche vers un sentier qui redescend.

Cette forêt humide est l'habitat idéal pour les amphibiens : l'alyte accoucheur, mais aussi la salamandre tachetée, bien connue grâce à son corps ponctué de taches jaune vif. Cette coloration annonce aux prédateurs sa toxicité. En effet, elle produit une substance nocive, le samandarin, mortel pour les organismes à forte dose. Il s'agit d'une neurotoxine, qui provoque une contraction exagérée des muscles. Pour cette raison, un spécimen adulte n'a quasiment aucun prédateur. En revanche, les larves ne peuvent pas produire cette toxine, et sont les proies de poissons, des larves de libellules ou encore des carabes (coléoptères). La forêt abrite aussi des chevreuils, sangliers et renards. Ils sont le plus souvent détectés par leurs traces de pattes ou leurs excréments. Il est plus rare de les observer.

CONSEILS

Essayez de faire cette balade avec un ciel bien dégagé pour profiter un maximum de la vue. La meilleure période est la fin du printemps, quand les plaines sont bien vertes, mais qu'il reste de la neige sur les montagnes.
La dernière partie de la balade a un fort dénivelé.

Qu'est-ce qu'une barrière canadienne ?

C'est un système de barrière ouverte, constituée de barreaux épais posés au-dessus d'une fosse. Elle permet aux véhicules de passer, mais le bétail en est incapable, intimidé par le vide situé sous les barreaux. Elle est très utilisée dans les vastes pâturages.

Montagne du Rey

L'itinéraire vous fait sortir momentanément de la forêt et traverser une fougeraie, qui vous donne un bon point de vue sur les falaises au-dessus de vous ❷.

Hibou grand-duc

Ces falaises sont l'emplacement que le faucon pèlerin a choisi pour faire son nid, inaccessible aux prédateurs. Les parents viendront nourrir leur progéniture plusieurs fois par jour, d'oiseaux le plus souvent. Inaccessible aux prédateurs, vraiment ? Pas totalement. Si le grand-duc d'Europe repère un nid, il n'hésitera pas à prendre les fauconneaux durant la nuit. Les parents doivent donc redoubler de vigilance. Heureusement pour eux, les grands-ducs ne sont pas très présents ici. La fougeraie est un bon endroit pour repérer le tarier pâtre. Très souvent perché au sommet d'un petit arbre ou un buisson, on le remarque facilement. Le mâle est reconnaissable à sa tête noire, son collier blanc et son ventre roux. La femelle est beaucoup plus terne, elle conserve tout de même du roux sur la poitrine. Les zones de lisière, entre forêt et fougeraie, sont idéales pour les reptiles. Ils y trouvent de l'ombre et du soleil qui leur permettent de réguler leur température interne. Ici, vous pourrez rencontrer des lézards des murailles, des couleuvres, mais également le plus rare orvet fragile. Il est inoffensif pour l'Homme. L'orvet n'est pas un serpent, bien qu'il se déplace comme eux. Il est plus proche des lézards, avec qui il partage la faculté de pouvoir perdre sa queue en cas de prédation.

Vous traversez de nouveau un bois pendant un petit moment. Lorsque vous arrivez à un carrefour de sentiers, dans une prairie pentue, prenez celui qui continue à monter. L'ascension devient de plus en plus difficile, la pente se raidit avant d'atteindre le sommet. Le sentier serpente entre forêts clairsemées, lisières et prairies.

Dans la forêt qui s'éclaircit de plus en plus ❸, des buis sont présents et ils sont encore en vie ! Ce qui est une chose assez rare ces temps-ci. Ils sont en effet attaqués par un papillon invasif : la pyrale du buis. Cet insecte originaire d'Asie, a fait des dégâts considérables à ces arbustes dans toute la France. Par chance, le papillon n'aime pas trop l'altitude, c'est pourquoi ces buis sont pratiquement intacts. Cet endroit permet d'avoir une belle vue sur toute la vallée, et l'on aperçoit en contrebas le lac de Castet.

Lorsque vous arrivez en haut de la crête, tournez à droite pour rejoindre le point culminant de la montagne ❹.

La vue est à couper le souffle. Par temps clair, les plaines de Pau s'étendent à perte de vue. Au piémont, on distingue les tourbières de Louvie-Juzon, une zone Natura 2000. Elles sont parfois inondées. Vous repérez des petits villages comme Sainte-Colome, ou encore Lys. De l'autre côté, ce sont les montagnes que l'on observe à perte de vue. Les vautours fauves accompagnent ce sublime spectacle, tournoyant à la recherche de nourriture '' n'est pas rare que les cris du grand corbeau se fassent entend On l'aperçoit ensuite, souvent par couple, il est immense (c' le plus grand corvidé du monde). On peut parfois les confond avec des rapaces lorsqu'il cercle.

Pour retourner au parking, opérez un demi-tour et prenez le même itinéraire pour rejoindre le port de Castet.

Sébastien Arriubergé

Les habitués des lieux

Vautour fauve, vautour percnoptère, circaète Jean-le-Blanc, faucon pèlerin, crave à bec rouge, grand corbeau, grand-duc d'Europe, hirondelle de rochers, pipit spioncelle, tarier pâtre...

Lièvre d'Europe, chevreuil, renard, sanglier...

Salamandre tachetée, alyte accoucheur, orvet fragile...

▼ L'alyte accoucheur : papa est aux petits soins

Ce petit crapaud a un mode de reproduction particulier. Après l'accouplement, le mâle dispose les œufs sur son dos, et va les laisser se développer pendant plusieurs semaines. Juste avant leur éclosion, le crapaud ira déposer les œufs dans l'eau.

18 Borce

TOUR DU LAC D'ARLET

NIVEAU ●●●

LOCALISATION

Borce
GPS 42.87447,
-0.5796

ÉCOUTEZ SURVOLEZ IDENTIFIEZ

ACCÈS

À partir d'Oloron-Ste-Marie, suivre N 134 dir. Saragosse. Après les virages du fort du Portalet, quitter la N 134 en prenant à droite dir. EDF Baralet pour rejoindre le parking d'Aubise.

DURÉE / DIFFICULTÉ

17 km. ↗ 1 044 m. 6 h 30.

CONSEILS

Meilleure période : mai à octobre.
Risque de neige fin automne et hiver.
La randonnée est longue. Prévoyez de bonnes chaussures, de l'eau en quantité et de quoi vous sustenter.

Cette longue randonnée agrémentée de superbes panoramas vous fera emprunter une portion du sentier mythique de la haute route pyrénéenne pour aboutir dans un cirque au fond duquel se trouve le lac d'Arlet.

1 Après la prise d'eau EDF, poursuivez sur la piste Layers. Un peu plus haut à la fourche, restez sur la gauche. Observez les crocus et les fougères aigles. Vous pénétrez dans le parc national des Pyrénées. Le balisage y est interdit, ouvrez l'œil et suivez les (rares) panneaux en direction du refuge d'Arlet. Vous entrez dans une hêtraie. À la sortie de la forêt, admirez le pic du Baralet. Vous arrivez à la cabane Pacheu où vous pouvez acheter de délicieux fromages..

La vallée d'Aspe commence à Escot et serpente le long du gave sur près de 30 kilomètres jusqu'au col du Somport qui fait la frontière avec l'Espagne. Dans le passé, cette vallée était un lieu de passage des pèlerins en route pour Saint-Jacques-de-Compostelle qui, après une escale à Oloron-Sainte-Marie, remontaient la vallée pour passer la frontière au col du Somport et s'arrêtaient à l'hôpital de Borce. Certains empruntent encore cet itinéraire. La vallée d'Aspe est également une montagne vivante. Bergers et troupeaux occupent les estives durant la saison estivale. Chaque jour, les bêtes sont traites pour la fabrication du fromage. La vallée possède aussi une biodiversité

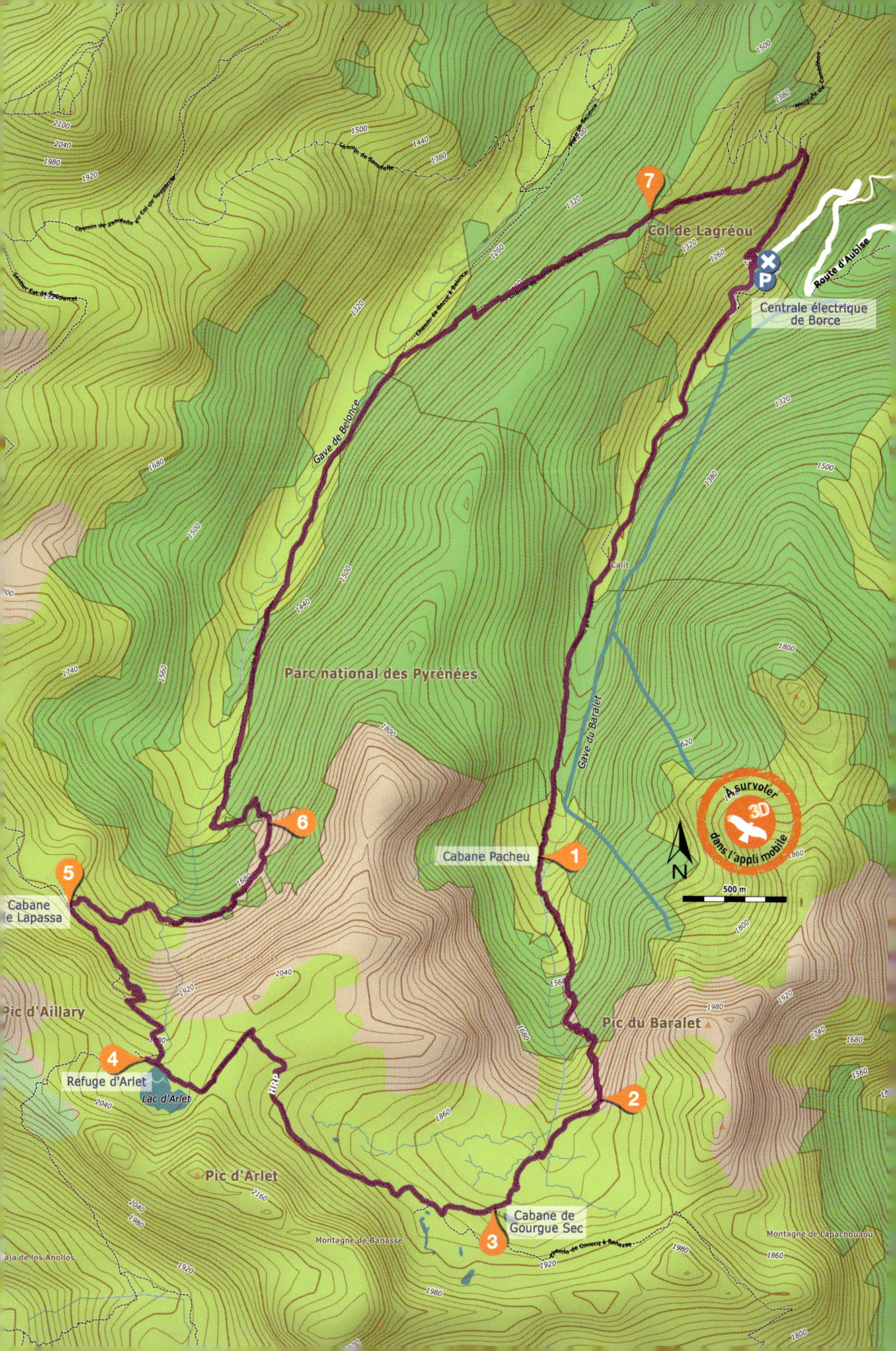

Col de Lagréou
Centrale électrique de Borce
Route d'Aubise
Gave de Belonce
Parc national des Pyrénées
Gave du Baralet
Calit
À survoler 3D dans l'appli mobile
N
500 m
Cabane Pacheu
Cabane de Lapassa
Pic d'Aillary
Refuge d'Arlet
Lac d'Arlet
Pic d'Arlet
Pic du Baralet
Cabane de Gourgue Sec
Montagne de Banasse
Montagne de Lapachouaou
HRP
1
2
3
4
5
6
7

Haute Route pyrénéenne

La haute randonnée pyrénéenne ou haute route pyrénéenne (HRP) est un itinéraire de haute montagne traversant les Pyrénées de l'Atlantique à la Méditerranée. La HRP se rapproche le plus possible de la ligne des crêtes en passant alternativement sur les versants français, espagnols et andorrans.

Chouette de Tengmalm

Les habitués des lieux

- Pic à dos blanc, vautour percnoptère, vautour fauve, gypaète barbu, chouette de Tengmalm...
- Chevreuil européen, lièvre d'Europe, marmotte, bouquetin et ours...
- Ramonde des Pyrénées, saxifrage à longues feuilles, chardon bleu des Pyrénées, lys des Pyrénées, ancolie des Pyrénées, iris des Pyrénées...

remarquable et des espèces emblématiques, mais rares comme le bouquetin ou l'ours.

2 Continuez à suivre le chemin partant tout droit et remontant le vallon du Baralet en direction du lac et du refuge d'Arlet. Dans la clairière, la pente forcit et le sentier caillouteux décrit des lacets. Passez devant la cascade de Larrecq. Enjambez le ruisseau et continuez vers le fond du cirque. Passez au-dessus du talweg et traversez le ruisseau (Baralet) puis le plateau herbeux en obliquant vers la droite. Le chemin passe une épine rocheuse. Continuez ensuite vers la « Cabane de Gourgue Sec ».

3 Poursuivez après la cabane et rejoignez le sentier horizontal (HRP). Obliquez à droite sur ce beau sentier et traversez les estives de Banasse. À l'approche de la crête, contournez par la droite.

Par temps dégagé, vous aurez une vue magnifique sur le pic du Midi d'Ossau qui se détache nettement.

Passez un col et marchez à gauche vers le lac.

Le lac d'Arlet qui fait 2,7 hectares compte parmi les plus de 2 500 lacs des Pyrénées ! Une faible partie des lacs pyrénéens a un peuplement piscicole naturel. La limnologie est l'étude des lacs. Un de ses précurseurs, Ludovic Gaurier, a étudié les lacs pyrénéens et la faune qui les peuple. Plus tard, un autre expert établit que 60 lacs de la partie occidentale sont peuplés de truites communes (truites Fario). À partir de cette époque commence un repeuplement systématique sous l'impulsion des Eaux et Forêts. Peuplement qui s'est entretenu naturellement et qui a été favorisé par l'alevinage de façon constante par le parc national des Pyrénées (depuis les années 1960) et par les fédérations départementales de pêche de nos jours. Si l'alevinage se pratiquait à dos d'hommes ou de mulets par le passé, il s'effectue désormais par l'hélicoptère. Par ailleurs, le lac est peu profond et présente des herbiers développés particulièrement favorables aux amphibiens, parmi lesquelles : grenouille rousse, crapaud épineux, alyte accoucheur et triton palmé.

4 En redescendant du refuge, restez rive gauche et prenez le sentier qui plonge dans la pente herbeuse. Après quelques lacets dans une zone rocailleuse, traversez toujours sur la sente sous le pic d'Aillary.

Cabane Pacheu

SURVOLEZ LE PARCOURS

Pour vous transformer en oiseau et apprécier le relief, le panorama ou les difficultés, appuyez sur le symbole « 3D » dans l'application mobile.

Les crêtes du pic Labigouer et de Baralet et, plus au sud, les sommets frontaliers d'Aillary (2 215 m) et d'Arlet (2 207 m) ont des teintes rouges. Cette couleur est due aux terrains permiens, la première ère géologique de la surrection des Pyrénées. À cette époque, des phases de pluies diluviennes alternaient avec de longues périodes de sécheresse ce qui a contribué à éroder les sols et est à l'origine des grès rouges si caractéristiques de la région.

5 Sur un replat, quittez le sentier qui conduit à la cabane de Lapassa et descendez vers la droite entre les blocs sur un tapis herbeux. Retrouvez plus bas un chemin et suivez-le vers la droite. Il descend fortement en suivant une épaule, puis traverse un cirque à droite jusqu'à une cabane de berger.

Le chien de berger est une autre particularité du territoire. Il accompagne le berger pendant toute la durée des estives. Il assure la conduite du bétail lors des déplacements, le regroupement ou la division du troupeau en plus petites unités, la recherche de bêtes perdues ou la défense du cheptel contre les prédateurs. Ce chien peut être guidé à la voix ou au sifflet.

6 Passez la cabane et entrez dans le bois. Descendez les lacets assez raides et débouchez sur un plateau parsemé de blocs. Bifurquez à droite vers la lisière et retrouvez une trace. Suivez ainsi la rive droite du gave de Belonce. Après un passage en sous-bois, continuez entre lisière et gave jusqu'à arriver sur un plat.

7 Descendez sur un beau sentier terreux qui coupe la fougeraie. À l'approche d'un bosquet, ne manquez pas de prendre le sentier qui monte à droite vers le col de l'Agréou et rejoint le parking de départ.

Appréciez le point de vue magnifique sur les parois de Pène d'Udapet.

Aurélie Escourrou (IGARABA)

▼ Réintroduction du bouquetin dans les Pyrénées

Les bouquetins autrefois très nombreux dans les Pyrénées ont failli disparaître avec la chasse. Le bouquetin échappe à ses prédateurs en se perchant sur une falaise, une stratégie inefficace face aux armes utilisées par l'homme.

19 Sainte-Suzanne
LA VALLÉE DU LAÀ

NIVEAU ●○○

LOCALISATION

Sainte-Suzanne
GPS 43.47521,
-0.80683

ÉCOUTEZ SURVOLEZ IDENTIFIEZ

ACCÈS
Depuis Orthez, prendre la D 947 puis la D 23 sur 2 km en direction de Sainte-Suzanne. Tourner sur chemin du Pontet. Continuer tout droit et se garer sur le parking de la mairie.

DURÉE / DIFFICULTÉ
9,5 km. ↗ 109 m. 2 h 30. Certaines portions longent la route départementale.

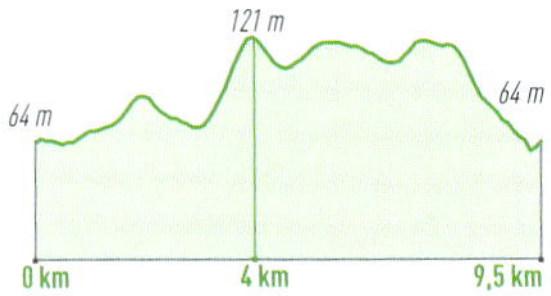

Cette balade vous emmène à la découverte du village de Sainte-Suzanne. Vous progresserez dans une ambiance champêtre entre forêts et plaines céréalières puis visiterez un village qui constitue une étape agréable pour les pèlerins de Compostelle.

Ⓧ Depuis le parking de la mairie, rejoignez le carrefour de la croix blanche et prenez à droite sur la voie communale de Baratou. Tournez à gauche sur le chemin de Pontet.

Vous longez la vallée du Laà pendant toute la première partie de la balade. Sainte-Suzanne est le lieu où le Laà se jette dans le gave de Pau. Une sainte populaire du IIIe siècle a donné son nom à cette dépendance de l'abbaye de Sorde : *Sancta Suzana deu Larvath*, c'est-à-dire « de la vallée du Laà ». En chemin, vous pouvez entendre le chant caractéristique de la fauvette à tête noire et observer ce passereau qui affectionne les espaces boisés ou semi-boisés. Il est présent toute l'année dans le secteur. À noter que pour séduire sa belle, le mâle construit le nid et le soumet à son avis. Si elle le trouve à son goût, c'est gagné !

❶ Traversez à droite et longez la D23 en direction de Sauveterre pendant 50 mètres puis tournez à gauche sur la voie communale du Pontet.

Vous pouvez observer dans le paysage la motte féodale de Hargoues. Il s'agit d'un type de fortification qui s'est développé au Moyen Âge. Elle est composée d'un remblai de terre volumineux et circulaire : le tertre. Il existe plusieurs formes d'édification de ces ouvrages dans toutes les régions d'Europe. La première fonction de ces mottes est celle de la fortification, mais aussi du logement.

Elles vont être remplacées progressivement à partir du milieu du xᵉ siècle par des châteaux. Le succès des mottes castrales s'explique en partie par la facilité de leur réalisation : les matériaux de construction qu'elle nécessite, la terre et le bois, abondent et sont peu coûteux. Les travaux de terrassement, l'abattage et l'équarrissage du bois, ainsi que la mise en œuvre peuvent être l'affaire d'ouvriers au service des seigneurs : les serfs.

L'érosion naturelle et les aménagements agricoles ou urbains ont fait disparaître la plupart des mottes et leurs fossés. Il en reste de rares qui font l'objet d'une inscription ou d'un classement au titre des monuments historiques.

❷ Traversez la D947 et passez sur le pont. Puis remontez à gauche vers le chemin Marticot. Vous arrivez sur les hauteurs de Laà-Mondrans.

Vous remarquez un moulin et son majestueux pigeonnier. Dans la région, l'abondance des cours d'eau a permis, dès le Moyen Âge, la multiplication de petits moulins à eau ; le plus souvent le long des affluents du gave (moins soumis aux débordements que le gave lui-même). Le moulin que vous observez alimentait une scierie en énergie, exactement comme la scierie où travaillait Charles Ingalls ! Une scie hydraulique a été installée dans le moulin dont la roue tourne grâce à la force du Laà. Cette roue est actionnée par le poids de l'eau. La rotation très lente est ensuite démultipliée à l'intérieur du moulin par un système complexe de transmissions, composé de roues intermédiaires actionnées par des roues dentées et des courroies. Le réglage de l'alimentation en eau se fait au moyen d'une simple planchette à trous.

❸ Au prochain carrefour, prenez à gauche le chemin Marticot.

Vous noterez en passant le grand pigeonnier moderne. Actuellement, les pigeonniers ont pour objectif d'offrir le gîte et le couvert aux Colombidés pour éviter qu'ils ne nichent dans les charpentes et toitures et ne les dégradent.

CONSEILS

Fin de l'été / automne : cueillette de pommes sauvages, mûres, champignons et châtaignes, observation de chevreuils.

INFORMATIONS TOURISTIQUES

Orthez, le château Moncade, les remparts et le Pont Vieux

Les habitués des lieux

- Fauvette à tête noire, bergeronnette grise, geai des chênes...
- Écureuil roux, chevreuil européen, blaireau européen, mulot sylvestre, renard roux, sanglier, Pipistrelle commune, oreillard gris, minioptère de Schreibers...
- Chêne pubescent, noisetier, châtaignier, orchidées...

Fauvette à tête noire

Moulins

Le Moyen Âge est la période de l'apogée du « machinisme médiéval ». Le potentiel énergétique des cours d'eau européens est alors partout exploité et les rivières de France se couvrent de moulins. Le village de Sainte-Suzanne comptait à lui seul six moulins qui turbinaient l'eau des rivières et ruisseaux. Un seul subsiste aujourd'hui.

Mulot sylvestre

4 Poursuivez vers le quartier Magret et longez une prairie et des bosquets.

Ouvrez grand les yeux : par temps clair, vous avez ici une vue panoramique sur la chaîne des Pyrénées. Dans cet espace de prairie et bosquets, vous pourrez constater que de nombreux arbres présentent des anfractuosités. Elles sont un abri naturel pour les chauves-souris. Si vous passez sur le chemin à la tombée de la nuit, vous les verrez prendre leur envol. Si vous êtes chanceux, vous apercevrez le spectaculaire oreillard, endémique d'Europe continentale, qui doit son nom à ses longues oreilles dressées. Il mesure entre 5 et 6 centimètres, est de couleur grise et est insectivore. Il chasse en particulier les papillons de nuit, très abondants sur ces zones de lisières. La prairie calcaire voisine est un milieu propice à l'épanouissement des orchidées. Si vous passez à la fin du printemps ou en été, vous pourrez observer et photographier la spectaculaire *Serapias lingua* en fleur entre juin et août.

5 Tournez à droite sur la D947. Passez sous le pont de l'autoroute. Après le pont, prenez à gauche le chemin de Laslannes. Longez l'autoroute sur le chemin rural et continuez sur un chemin de terre. Prenez à gauche en direction du bourg.

Vous pouvez admirer le clocher de l'église de Sainte-Suzanne. Cette église date du XIIe siècle et demeure un lieu de passage pour les pèlerins de Compostelle qui passent par Roncevaux. C'est la raison pour laquelle la ville a une coquille sur son blason. Les pèlerins avaient en effet l'habitude de cheminer par le Pont Vieux d'Orthez, un des rares ponts sur le gave de Pau pour rejoindre Roncevaux qui est une des premières étapes du *Camino francés* qui traverse l'Espagne d'est en ouest, sur 700 kilomètres jusqu'à Saint-Jacques-de-Compostelle.

Descendez la voie communale Mouret pour revenir au village par l'avenue du docteur-Dhers à gauche 6. Puis, par la rue de la Carrère, rejoignez le parking de la mairie.

Aurélie Escourrou (IGARABA)

Un jardin de Sainte-Suzanne

Pèlerinage de Compostelle

C'est là qu'en 813, après avoir été guidé la nuit par une étoile vers une montagne inhabitée l'évêque Théodomire d'Iria Flavia a des visions. Lors d'une visite avec les paroissiens du voisinage, il trouve un mausolée où gît un corps décapité tenant la tête sous son bras. L'évêque reconnaît saint Jacques et considère cet événement comme une révélation divine. L'église construite autour du cimetière deviendra plus tard la cathédrale Santiago de Compostelle.

Les pigeonniers, symbole d'aisance

Le pigeonnier était, au Moyen Âge, un indicateur de richesse, car la fiente de pigeon produit un engrais d'excellente qualité. Ainsi, dans le pigeonnier, de petites niches (boulins) sont creusées pour accueillir les couples de pigeons. Lors des mariages, on comparait la « richesse » des familles par la comparaison des boulins. Certains étaient amenés à tricher en ajoutant de faux boulins. C'est ce que l'on appelle « se faire pigeonner ».

20 Salles-Mongiscard
LE GAVE DE PAU

NIVEAU ●○○

LOCALISATION

Salles-Mongiscard
GPS 43.49845,
-0.8366

ACCÈS
Depuis Orthez, prendre la D 817 vers Bayonne. Tourner à gauche en direction de Salles-Mongiscard. Stationner sur le parking de la mairie.

DURÉE / DIFFICULTÉ
6 km. ↗ 109 m. 2 h. Certaines portions longent la route départementale.

CONSEIL
Fin de l'été et automne : cueillette de mûres, champignons et châtaignes, observation d'oiseaux migrateurs, de chevreuils et renards (attention aux chasseurs).

INFORMATIONS TOURISTIQUES
Location d'un kayak pour une balade sur le Gave.
Orthez, le château Moncade, les remparts et le Pont Vieux.

Cette balade familiale vous emmène au bord du gave de Pau pour une découverte de sa vie aquatique. Vous pourrez admirer la faune typique et aurez peut-être la chance d'observer la loutre d'Europe sur ce site protégé.

Depuis le parking de la mairie, prenez à droite et longez la route le long d'un champ de maïs. Tournez à droite sur le chemin du gave. Vous passez alors dans une zone de sous-bois. Passez sous l'autoroute. Vous continuez alors sur un chemin de terre qui longe le gave dans une châtaigneraie 1.

La mairie a été édifiée dans un temple protestant. L'histoire du protestantisme est liée à la région depuis que Jeanne d'Albret, reine de Navarre et mère de Catherine de Bourbon et d'Henri IV, fit d'Orthez une cité protestante en 1564. Salles-Mongiscard est une commune à dominance rurale. Vous longerez au début de la balade de vastes champs de maïs et des pâturages. Importé des États-Unis, le maïs est la culture dominante dans la région béarnaise. La culture d'hybrides de maïs a progressivement remplacé les champs de blé et les pâturages. Le gave de Pau constitue un couloir de migration assurant un rôle capital dans les transferts de populations de poissons (grands migrateurs

comme le saumon ou la truite fario), de mammifères (loutre, vison d'Europe) et d'oiseaux. C'est aussi une dernière zone de repos en halte migratoire avant la traversée de la péninsule ibérique. Il arrive fréquemment de croiser le grand cormoran, le long du gave. Vous l'entendrez probablement chanter avant de le voir, de son cri guttural « gra-gra » caractéristique. Remarquez sa manière de plonger et de nager pour capturer des proies : essentiellement des poissons, mais parfois aussi des crustacés et amphibiens. Il est doté de puissantes pattes palmées qui le propulsent et ses yeux sont adaptés à la vision sous-marine.

Poursuivez sur le chemin qui passe sous l'autoroute. Continuez tout droit. Traversez une passerelle et poursuivez en sous-bois. ❷ Traversez la D29 en direction du chemin de Baure.

Vous pouvez observer les maisons en pierre, pour la plupart mitoyennes, coincées entre le gave et la falaise. De cette falaise sortent une multitude de sources d'une eau pure minéralisée, elles entraînèrent la création des anciens bains de Baure. Cette eau est aujourd'hui prélevée par la commune d'Orthez pour l'alimentation en eau de consommation humaine par 3 captages des eaux souterraines. En longeant le gave, vous croiserez sûrement des oiseaux limicoles. Parmi eux, le petit gravelot qui fréquente les bords

Le gave de Pau

Le gave de Pau prend naissance dans les Pyrénées, dans le cirque de Gavarnie. Il prend son nom à partir de Luz-Saint-Sauveur, recueillant les eaux du gave de Gavarnie et du Bastan. C'est une rivière très abondante.

LES SECRETS DU NATURALISTE

À écouter dans l'appli mobile

Observations rares, curiosités, révélations inattendues... Un passionné vous raconte.

Les habitués des lieux

Grand cormoran, petit gravelot, cincle plongeur...

Pélobate cutripède, grenouille agile, triton marbré...

Cuivré des marais...

Saumon atlantique, grande alose, sandre, brochet, Écrevisse à pattes blanches...

sableux à la recherche d'insectes, araignées, vers ou crustacés ou le fascinant cincle plongeur qui capture ses proies en plongeant et en nageant à l'aide de ses ailes.

Prenez à droite le sentier qui grimpe. Vous entrez dans une zone de noisetiers et de chênes. Prenez à gauche le chemin de Lasmothes ❸. Poursuivez sur une sente qui borde un châtaigner. Vous longez des prairies jusqu'au quartier Bellevue ❹.

Observez le cortège d'espèces qui constitue le sous-bois : noisetiers, merisiers (cerisiers sauvages) avec leurs baies rouges à l'été très appréciées des oiseaux. On trouve aussi de l'aubépine, l'alisier torminal et même le fusain dont on tire le charbon de bois très apprécié

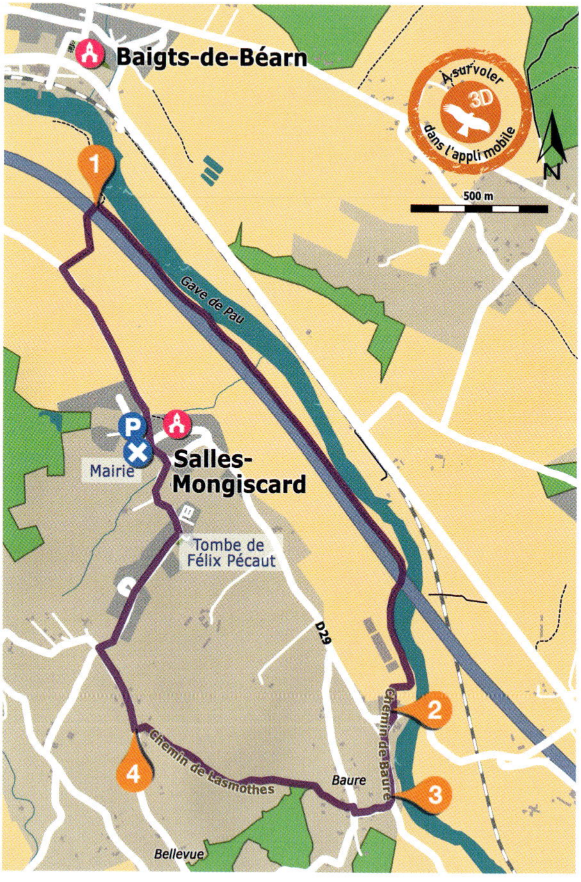

Plan de lutte pour la sauvegarde des châtaigniers

Le cynips, hyménoptère de près de 3 mm de long originaire de Chine, c'est un ravageur des châtaigniers. Il crée des galles, principalement sur les feuilles qui entraînent leur déformation, ce qui perturbe la floraison et la fructification. Une expérimentation de lutte biologique a été entreprise dans la région, avec l'introduction d'un insecte prédateur, le tyromus.

Prairie

des dessinateurs ! La vue se dégage à mesure que l'on monte, offrant au niveau de Bellevue de magnifiques points de vue sur les Pyrénées et sur la Chalosse, caractérisée par un relief ondulé. Vous vous trouvez au cœur de la zone nord-pyrénéenne dont la largeur est comprise selon les secteurs entre 10 et 40 kilomètres. La zone est très fortement plissée et présente des petits affleurements des volcanites (de la roche volcanique !) isolés.

Reprendre à droite en direction de la mairie par le chemin Larrue. Traversez le bourg. Vous longez le cimetière protestant à votre droite où se trouve la tombe de Félix Pécaut.

Jean Pécaut, dit Félix, est né à Salies-de-Béarn en 1828 et est mort à Orthez en 1898. Un pédagogue français d'origine protestante qui fit ses études pour devenir pasteur à la faculté de théologie protestante de Montauban. Lors du synode des Églises réformées de 1872, il s'élève contre l'idée d'une Église liée à l'État et démissionne. Il se consacre alors aux questions éducatives. Il contribue à la fondation, en 1880, de l'École normale supérieure de Fontenay-aux-Roses, destinée à former des enseignantes d'écoles normales primaires d'institutrices. Il en sera le premier directeur, et ceci pendant seize ans, avant de se retirer en Béarn dans ses dernières années de vie. Le collège de Salies-de-Béarn, sa ville natale, porte son nom : le collège Félix-Pécaut.

Aurélie Escourrou (IGARABA)

▼ Le saumon atlantique

Le saumon atlantique est une espèce amphihaline. C'est-à-dire qu'il se reproduit en eau douce, dans le cours d'eau où il est né et migre vers les océans (Atlantique Nord jusqu'au Groenland). Les adultes ne peuvent plus s'alimenter lorsqu'ils rentrent en rivière et la quasi-totalité meurt après la reproduction.

L'ISARD TOUT TERRAIN

Ce petit chamois des Pyrénées a failli disparaître dans les années 1950, victime d'une chasse trop intensive. Le territoire est accidenté ? Il adore ça et se déplace avec aisance grâce à des sabots tranchants qui adhèrent bien aux rochers. Au début du mois de juin, les femelles chassent leur chevreau né l'année d'avant et s'isolent pour mettre bas. Elles rejoignent la harde dès que leurs jeunes sont capables de courir et de vivre en collectivité.

REPTILES ET AMPHIBIENS

Peut-être parce qu'ils évoquent tout à la fois les dragons, les dinosaures et les temps anciens, les reptiles frappent l'imagination. En France, lézards, serpents ou salamandres sont généralement inoffensifs, et souvent menacés par la pollution et la disparition de leurs habitats.

COULEUVRE VERTE ET JAUNE

Elle est appelée aussi « cinglant » ou « fouet » car lorsqu'elle est dérangée, la couleuvre verte et jaune s'enfuit très rapidement en fouettant les herbes de sa queue. Ne tentez pas de l'attraper : d'une part c'est interdit par la loi (elle est protégée) et d'autre part elle vous mordrait avec hargne ! Bien qu'elle soit complètement inoffensive, sa morsure est néanmoins douloureuse... Cette couleuvre passe le plus souvent inaperçue, cachée dans la végétation.

COULEUVRE VIPÉRINE

Petit serpent aquatique ne dépassant guère 90 cm de long, la couleuvre vipérine est une grande amatrice de poissons et d'amphibiens. Lorsqu'elle est dérangée, elle feint la mort et sécrète une odeur nauséabonde mais ne tente jamais de mordre son agresseur. Elle est menacée par la pollution de l'eau et l'aménagement des rives.

VIPÈRE ASPIC

La vipère aspic a le museau un peu retroussé et de petites écailles sur la tête. Elle fréquente les milieux secs et buissonneux : haies, talus, pentes ensoleillées. Elle se nourrit de rongeurs et de lézards qu'elle mord par surprise de ses deux crochets venimeux. La malheureuse proie s'enfuit pour mourir un peu plus loin et la vipère n'a qu'à suivre tranquillement sa trace pour la retrouver.

LÉZARD VERT

Ce lézard porte une grande confiance en sa belle robe verte, qui lui permet de passer inaperçu au milieu des herbes et des feuilles. Vous pourrez ainsi l'admirer sans qu'il bouge d'un millimètre. Mais en cas d'agression, le lézard vert n'hésitera pas à vous mordre en pressant si fortement ses mâchoires qu'il peut rester pendu à votre doigt un bon moment... Rassurez-vous, sa morsure n'est pas dangereuse.

GRENOUILLE ROUSSE

Les grenouilles rousses sont des animaux terrestres et nocturnes. Dès le mois de février, elles commencent à sortir de leur sommeil hivernal pour aller se reproduire. Des milliers de batraciens retournent alors dans l'eau, souvent des flaques temporaires, pour s'accoupler et pondre leurs œufs. La nuit, un concert discret retentit : les ronflements sourds des mâles ont pour but d'attirer les femelles. Au bout de trois semaines, toutes retourneront à leur vie terrestre, dans les forêts, les haies et les jardins, jusqu'au printemps prochain. Proche cousine, la grenouille agile leur ressemble beaucoup.

EUPROCTE DES PYRÉNÉES

Seules les eaux pures et bien oxygénées peuvent accueillir l'euprocte car celui-ci ne possède pas de poumon ! Il respire essentiellement par la peau. Lorsque la température de l'eau augmente au-delà de 20 degrés environ, l'euprocte commence alors sa vie terrestre. Il se cache en été sous les éboulis et les rochers en bordure de torrents ou de lacs. Ses pattes massives, ses griffes (car il en a) et sa queue musclée lui permettent de se maintenir dans les remous. Certains euproctes vivent dans des grottes et ne sortent jamais de l'eau.

Salamandre tachetée

Lézard vert

Grenouille rousse

Euprocte des Pyrénées

Couleuvre vipérine

Couleuvre verte et jaune

Vipère aspic

Orvet anguis

LES MAMMIFÈRES DU BÉARN

Êtes-vous capable de répondre à la simple question : à quoi reconnaît-on un mammifère ? Et bien un mammifère c'est un animal à poils et à mamelles. Comme l'homme. Autres caractéristiques : les mammifères sont vivipares – leurs œufs sont à l'intérieur – et ils développent tous un instinct maternel. Enfin, ils n'ont généralement pas une bonne vue (sauf pour les félins) mais possèdent une ouïe et un odorat développés.

OURS BRUN

En grand danger d'extinction, l'ours des Pyrénées n'a cessé de voir chuter ses effectifs. Ils se comptent aujourd'hui sur les doigts de la main ! Cet imposant mammifère est l'un des derniers grands carnivores d'Europe. Sa nourriture est variée : des myrtilles aux charognes en passant par quelques isards, et parfois même des brebis. Ce qui lui a valu de tout temps les foudres des bergers. L'ours a été réintroduit dans deux vallées pyrénéennes durant ces dernières années mais déjà plusieurs d'entre eux ont été abattus par des braconniers.

ISARD

Les isards ne manquent pas de susciter l'admiration tant ils font preuve d'audace et d'adresse lorsqu'ils se déplacent parmi les rochers et les éboulis vertigineux. Ils évoluent le plus souvent en groupes. Les mâles sont plus discrets et plus solitaires, sauf au moment de la reproduction. En hiver, vous les observerez souvent sur les versants sud, où la neige fond plus rapidement, ou bien dans les forêts où ils trouvent de la nourriture. En été, ils grimpent dans les alpages et stationnent parfois sur les plaques de neige pour se rafraîchir.

MARMOTTE

Une ombre de rapace se dessine sur les pentes herbeuses. La marmotte aux aguets, dressée sur ses pattes arrière, émet des sifflements aigus pour alerter ses congénères... et la voici déjà rentrée dans son terrier. Celui-ci, généralement situé près d'un rocher, peut atteindre 3 mètres de profondeur et 10 mètres de long. Les marmottes vivent en petites colonies familiales et s'éloignent rarement de leur logis. Chaque clan délimite son territoire à l'aide d'odeurs perceptibles par les autres clans. Méfiantes à l'égard de leurs prédateurs naturels, les marmottes peuvent toutefois se laisser approcher, notamment dans les endroits où elle sont habituées à la présence des hommes.

DESMAN DES PYRÉNÉES

La trompe sans cesse en mouvement, le desman palpe de ses pattes et de son museau le fond des eaux pour y trouver sa nourriture favorite : les crevettes d'eau douce. C'est aux abords des ruisseaux, canaux ou torrents limpides, et surtout propres, que le desman passe sa vie. Nocturne, il est très difficile de le surprendre. Ses yeux sont tout petits (la taupe est sa plus proche cousine) mais il compense ce défaut par un sens tactile développé : ses pattes et ses moustaches le renseignent très précisément sur son environnement. Présent sur toute la façade nord des Pyrénées, le desman est malheureusement en régression.

Desman des Pyrénées

Marmotte

Ours des Pyrénées

Isard (chamois pyrénéen)

Mouflon corse

Bouquetin

LES OISEAUX DU JARDIN

Certaines espèces s'accommodent très bien de la présence de l'homme et peuvent même y trouver avantage. En nichant sous les toits ou les gouttières, en se nourrissant dans nos mangeoires ou à proximité de nos maisons, ces oiseaux se laissent facilement observer.

ROUGE-GORGE

C'est en automne et en hiver que le rouge-gorge n'hésite pas à se montrer. À la belle saison, c'est un oiseau très discret, et rares sont ceux qui le surprennent autrement que par son chant mélancolique.

MÉSANGES

L'hiver, les mésanges se regroupent et se déplacent ensemble, parfois rejointes par des grimpereaux ou une sittelle : la ronde des mésanges est un spectacle qui ne vous lassera pas durant vos balades hivernales. Acrobates, les mésanges peuvent se suspendre aux fines branches pour déloger des insectes inaccessibles aux autres oiseaux. Les chenilles sont les proies les plus appréciées. Les familles nombreuses, comptant souvent plus de 10 petits, sont courantes. A l'envol des jeunes, les parents sont à bout de forces tant les allées et venues pour nourrir tout ce petit monde ont été incessantes depuis l'éclosion.

MOINEAUX

Les moineaux ont toujours su tirer parti des activités humaines. Dans les villes ou dans les champs, la nourriture abonde pour le moineau domestique comme pour le moineau friquet. Ils se nourrissent essentiellement de graines et d'autres matières végétales.

MERLE

Le merle, insectivore très commun, n'hésite pas à s'approcher des habitations. Il se nourrit au sol en sautillant et en fouillant les feuilles mortes. Lorsqu'il gratte la litière avec ses pattes, il fait un vacarme surprenant pour un oiseau de cette taille : on a l'impression d'entendre un grand mammifère détaler dans la haie ! Malgré son penchant pour les vers et les insectes, le merle mange aussi des fruits : pommes, poires tombées à terre, etc. C'est un excellent chanteur.

GRIVES

Les grives ont toutes un régime alimentaire composé d'invertébrés et de fruits. Leur nid, en forme de coupe, est généralement construit à base de brindilles, de mousse et de boue, à plusieurs mètres du sol.

HIRONDELLES

D'où vient leur nom ? L'hirondelle de fenêtre niche souvent contre les maisons, sous les toits et les fenêtres. L'hirondelle rustique niche sur des poutres, à l'intérieur des bâtiments, mais seulement à la campagne.

TOURTERELLE TURQUE

La tourterelle turque a colonisé l'Europe de l'Ouest depuis une cinquantaine d'années. Son expansion est une énigme de la nature. Elle s'est parfaitement adaptée et vit aujourd'hui au voisinage des habitations : vous n'aurez donc pas de mal à l'observer.

Écoutez-les chanter dans la rubrique « Faune » de l'appli mobile.

Hirondelle bicolore

Merle

Hirondelle rustique

Moineau cisalpin

Mésange noire

Mésange bleue

Mésange charbonnière

Grive musicienne

Rouge-gorge

Mangeoires

Le nez collé à la vitre (mais dissimulé derrière un rideau), admirez le va-et-vient des mésanges. Par temps de neige ou de gel, quelques graines, un morceau de margarine, des cacahuètes enfilées sur un fil... seront énormément appréciés par ces oiseaux habituellement insectivores.

Nichoirs

Les arbres morts, vieillissants et creux se font de plus en plus rares aujourd'hui. Les oiseaux cavernicoles, comme les mésanges, sont confrontés à une véritable crise du logement. Certaines vont même jusqu'à nicher dans des boîtes aux lettres ! Un nichoir dans votre jardin ou sur le mur de votre maison sera vite utilisé.

LES RAPACES DIURNES

Les rapaces sont aujourd'hui protégés en France après un abattage à grande échelle jusqu'au milieu du XXe siècle. Ils sont de véritables indicateurs biologiques de la qualité des milieux où ils vivent, car les effectifs de leurs populations dépendent directement de l'état de l'environnement.

VAUTOUR FAUVE

Longtemps persécuté par ignorance, le vautour fauve est aujourd'hui protégé. Son régime alimentaire lui vaut cette drôle de morphologie : sa tête et son cou sont pourvus de petites plumes duveteuses et rases. Idéal pour trouver son repas dans les entrailles des charognes... Le vautour fauve est un grand « voilier ». Dès les premières heures chaudes de la matinée, il prend son envol et passe la plus grande partie de la journée à planer en recherchant des cadavres d'animaux.

AIGLE ROYAL

L'aigle royal a longtemps été persécuté par les hommes avant d'être protégé. Ses populations sont aujourd'hui en légère augmentation. Grand prédateur, l'aigle se nourrit parfois de charognes mais le plus souvent d'animaux qu'il capture : lagopède, lièvre ou il chasse en rasant les versants des montagnes pour mieux surprendre ses proies. La parade nuptiale, à la fin de l'hiver, est spectaculaire : le mâle feint d'attaquer la femelle puis tout deux se laissent tomber en vrille.

MILAN ROYAL

Sa silhouette aux longues ailes et à la queue très fourchue permet de le reconnaître facilement. Habilement utilisée comme gouvernail, sa queue ne semble jamais s'immobiliser en vol. Le milan royal se nourrit essentiellement de menues proies (rongeurs, oiseaux...) et de charognes. Il ravit parfois les proies à d'autres rapaces.

FAUCONS

Les faucons sont des rapaces fascinants. Le faucon pèlerin est « Recordbird » de vitesse en piqué : il fond sur sa proie à la vitesse vertigineuse de 270 km/h. La crécerelle chasse les rongeurs, les petits passereaux et les insectes. Son vol sur place, dit « vol en Saint-Esprit », est très caractéristique.

GYPAÈTE BARBU

Rapace le plus rare d'Europe, le bien nommé gypaète barbu (il a une « barbichette » sous le bec) fait l'objet d'un programme de réintroduction. C'est un casseur d'os : il avale la chair mais surtout la moëlle des os prélevés sur des carcasses abandonnées par d'autres charognards. Lorsqu'un os est de trop grosse taille, il l'emporte dans les airs pour le laisser choir sur des rochers. La moëlle de l'os ainsi brisé pourra être ingurgitée !

Gypaète barbu

Écoutez leurs cris dans la rubrique « Faune » de l'appli mobile.

Aigle royal

Vautour Fauve

Circaète Jean-le-Blanc

Buse variable

Vautour percnoptère d'Egypte

Milan royal

Faucon pèlerin

LES RAPACES NOCTURNES

Vol silencieux, ouïe très fine, vue excellente malgré l'obscurité, les rapaces nocturnes sont parfaitement équipés pour chasser la nuit. Ils avalent leur proie "tout rond" mais leurs sucs digestifs ne sont pas assez puissants pour dissoudre os, poils, plumes ou carapaces d'insectes. Chouettes et hiboux recrachent ainsi des pelotes de rejection qui contiennent tout ce qu'ils n'ont pu digérer.
Les jeunes, encore duveteux, tentent souvent trop tôt leur premier envol et atterrissent aux alentours du nid. Ne les ramassez pas ! Posez-les sur une branche tout au plus car les parents ne les ont pas abandonnés et continuent de les nourrir.

CHOUETTE EFFRAIE

La dame blanche, son autre nom, niche souvent dans les greniers et les clochers. Comme tous les rapaces nocturnes, l'effraie portait soi-disant malheur. Elle fut longtemps piégée et clouée sur les portes de grange ! De nos jours, elle est en régression : les vieux bâtiments disparaissent, les clochers sont grillagés et elle est souvent victime de la circulation routière.

CHOUETTE DE TENGMALM

La très discrète chouette de Tengmalm affectionne les milieux montagneux boisés car il lui offrent des perchoirs dissimulés. Son activité est presque exclusivement nocturne ce qui la rend d'autant plus difficile à observer.

CHOUETTE HULOTTE

C'est elle que l'on entend le plus souvent hululer dans les bois. Son régime alimentaire est un peu plus varié que celui de ses cousines : elle y ajoute notamment de nombreux passereaux. La chouette hulotte repère les dortoirs, frappe sèchement une branche avec ses ailes pour effrayer les oiseaux. Profitant de la panique, il ne lui reste plus qu'à saisir un des malheureux volatiles. La chouette hulotte ne se laisse pas impressionner du fond de son arbre creux lorsqu'il s'agit de défendre sa progéniture : elle n'hésite pas à attaquer les intrus. Un photographe animalier s'est fait ainsi éborgner !

HIBOU GRAND DUC

Rare et localisé, le hibou grand-duc est aussi le plus grand des rapaces nocturnes d'Europe. Presque tous les oiseaux ou mammifères qu'il peut emporter dans ses serres figurent à son menu : rats, hérissons, lapins, corneilles, chouettes, hiboux et même chats et renardeaux ! Jadis répandu sur tout le territoire, le hibou grand-duc ne subsiste plus qu'en des endroits reculés. Le femelle pond dans des lieux inaccessibles (cavités rocheuses, falaises...). L'espèce, surtout en période de reproduction (janvier-août), est très sensible au dérangement : ne soyez pas trop curieux !

Écoutez leurs cris dans la rubrique « Faune » de l'appli mobile.

Hibou moyen-duc

Chouette hulotte

Chouette effraie

Chouette de tengmalm

Hibou grand-duc

LES OISEAUX MIGRATEURS

La migration des oiseaux est facile à observer : il suffit de se poster à certaines périodes de l'année en un lieu stratégique pour voir défiler les grands voyageurs du ciel ; elle est moins facile à expliquer, ce phénomène comportant aujourd'hui encore des énigmes scientifiques.

Poussés par une baisse des températures et par une variation de leur activité hormonale, de nombreux oiseaux éprouvent le besoin de partir pour d'autres cieux à l'approche de l'automne. Ils entreprennent alors un voyage plus ou moins long, qui peut se résumer à un simple déménagement de la montagne vers la plaine ou constituer au contraire un périple de plusieurs milliers (voire dizaines de milliers) de kilomètres ; puis reviennent lorsque les conditions sont redevenues favorables. Il existe de véritables couloirs de migration empruntés par de nombreuses espèces, qui suivent les massifs montagneux ou le littoral. Si l'on a bien compris que le phénomène de migration s'apparente à un instinct de survie de l'individu (recherche de conditions climatiques plus clémentes) et de l'espèce (déplacement vers des zones de reproduction), on se demande encore, par exemple, comment les oiseaux parviennent à se repérer sur de grandes distances. Cette capacité n'est d'ailleurs pas infaillible. Poussés par un vent mauvais, certains peuvent se perdre en mer et ne jamais retrouver la côte. D'autres dangers les guettent : la prédation, les tempêtes, le brouillard, mais aussi les activités humaines (phares de navigation, lignes électriques, éoliennes, chasse ou même collisions avec des avions...) tuent nombre d'entre eux. La migration n'est jamais une routine pour les oiseaux car tous ne parviennent pas au bout du voyage.

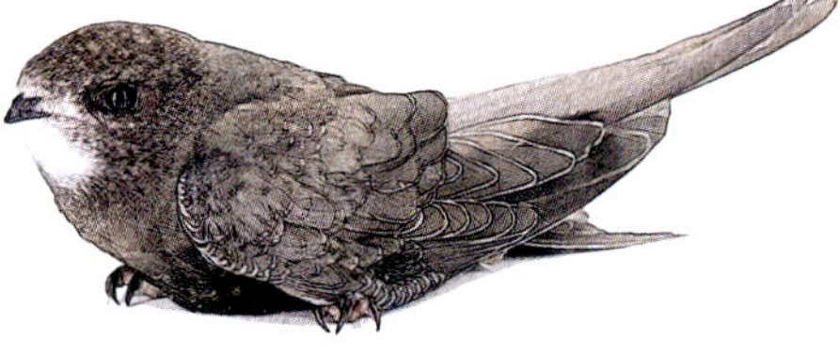

Martinet noir

Traquet motteux

Écoutez-les chanter dans la rubrique « Faune » de l'appli mobile.

Milan noir

Milan royal

Cigogne noire

Coucou gris

Pinson des arbres

AU-DESSUS DE VOTRE TÊTE

Les migrations au-dessus du Béarn s'étalent de la mi-juillet à la fin de l'automne. Tous les oiseaux ne s'envolent donc pas en même temps vers les pays chauds. Les espèces se succèdent selon un calendrier précis. Voici quelques moments privilégiés pour vos observations :

- Milan noir : mi-août
- Martinet noir : entre mi-juillet et fin août
- Cigogne noire : septembre
- Milan royal : mi-octobre à fin octobre
- Grue cendrée : novembre

QUELQUES ARBRES

Identifier un arbre n'est pas chose facile car les essences sont nombreuses. L'aspect de l'écorce, le dessin des feuilles ou aiguilles ainsi que la silhouette de l'arbre permettent de se faire une idée précise. Soyez humble en commençant par vous familiariser avec quelques espèces.

CHÊNE PÉDONCULÉ

Hauteur : jusqu'à 45 m
Habitat typique : forêts, milieux humides
Signes particuliers : écorce grise, ridée, feuilles lobées caractéristiques, glands

HÊTRE

Hauteur : jusqu'à 30 m
Habitat typique : forêts, bois aux sols calcaires bien drainés
Signes particuliers : écorce lisse, feuilles ovales peu dentées, soyeuses en dessous

BOULEAU BLANC

Hauteur : jusqu'à 30 m
Habitat typique : sols secs, tourbeux, landes
Signes particuliers : écorce blanche
avec taches noires, feuilles ovales dentées et pointues

AULNE GLUTINEUX

Hauteur : jusqu'à 20 m
Habitat typique :
bords des cours d'eau
Signes particuliers : écorce grise ou brune

PIN SYLVESTRE

Hauteur : jusqu'à 40 m
Habitat typlque : montagnes
Signes particuliers : écorce écailleuse brun-orange, aiguilles groupées par deux, petits cônes renfermant des graines ailées

ÉPICÉA

Hauteur : jusqu'à 50 m
Habitat typique : forêts de montagne
Signes particuliers : "sapin" de Noël,
écorce craquelée brun-rouge, branches presque horizontales, aiguilles vert foncé, cônes pendants

PEUPLIER NOIR

Hauteur : jusqu'à 35 m
Habitat typique : forêt, bords des cours d'eau, montagne
Signes particuliers : écorce brune et plutôt sombre, feuilles triangulaires dentées

ÉRABLE SYCOMORE

Hauteur : jusqu'à 35 m
Habitat typique :
zones montagneuses
Signes particuliers : écorce qui passe du gris jaunâtre au gris rougeâtre avec l'âge, feuilles palmées avec cinq lobes pointus

PIN CEMBRO

Hauteur : jusqu'à 25 m
Habitat typıque : montagne
Signes particuliers : tronc droit, branches redressées, écorce gris-vert lisse mais qui s'écaille avec l'âge, aiguilles de 4 à 8 cm regroupées par cinq

CHARME

Hauteur : jusqu'à 20 m
Habitat typique : forêts
Signes particuliers : écorce cannelée et grisâtre, feuilles allongées et doublement dentées

FRÊNE

Hauteur : jusqu'à 40 m
Habitat typique : sols calcaires, montagne, plaine, bords de mer
Signes particuliers : écorce lisse et grisâtre, feuilles composées de 5 à 7 folioles et dentées

SAPIN

Hauteur : jusqu'à 60 m
Habitat typique : forêts, montagne
Signes particuliers : écorce lisse et gris, avec des petites poches de résine, branches horizontales, aiguilles plates, droites et arrondies de couleur vert foncé

Aulne

Épicéa

Peuplier noir

Bouleau

Erable sycomore

Pin cembro

Charme

Frêne

Pin sylvestre

Chêne

Hêtre

Sapin

AU PAYS DE L'OURS

Le Béarn abrite quelques mammifères rares, comme la loutre d'Europe ou le desman des Pyrénées. À défaut de faire sa rencontre, sachez également que l'ours est de retour dans la région !

L'ours du Béarn

Depuis la réintroduction de deux femelles en 2018, le Béarn a vu naître non pas un, ni deux mais trois oursons sur son territoire en 2021 ! Il s'agit d'une excellente nouvelle pour cette espèce qui compte une soixantaine de représentants sur l'ensemble des Pyrénées. D'autant plus que dans le Parc national, les oursons bénéficient d'un environnement relativement préservé de l'activité humaine pour pouvoir s'épanouir.

BREBIS, VACHES ET CHEVAUX...

Plusieurs espèces domestiques évoluent en semi-liberté dans les Pyrénées béarnais. Outre les brebis qui produisent le lait nécessaire à la fabrication du célèbre Ossau-iraty, vous croiserez peut-être des vaches, des moutons ou encore des chevaux pâturant paisiblement sur les estives ou dans les vallées selon la saison. Toutefois prenez garde de ne pas trop approcher les troupeaux. Le patou veille et pourrait ne pas voir d'un très bon oeil une intrusion.

ESPÈCES SAUVAGES

Le desman des Pyrénées, proche cousin de la taupe, est un curieux petit animal qui vit dans les cours d'eau très purs. Vous ne le verrez probablement pas en raison de ses mœurs nocturnes, mais sachez qu'on ne le trouve nulle part ailleurs que dans les montagnes des Pyrénées et au nord du Portugal.

Parmi les mammifères sauvages de plus grosse taille, vous apercevrez peut-être des cerfs, des chevreuils, des sangliers, des renards, et, dans les parties montagneuses, des isards (le nom pyrénéen du chamois). N'oubliez pas les marmottes qui sont facilement observables dans la région.

Chevreuil

CONSEILS DU NATURALISTE

Parmi les mammifères sauvages de plus grosse taille, vous apercevrez peut- être des cerfs, des chevreuils, des sangliers, des renards, et, dans les parties montagneuses, des isards (le nom pyrénéen du chamois), ainsi que des marmottes..

Où les rencontrer ?

Quand vous arrivez à une croisée de chemins, ou qu'une trouée dans la végétation vous offre un panorama, observez attentivement : il se peut qu'un animal soit présent. Les lisières sont des lieux de passages où vous avez aussi de bonnes chances d'observation.

Traces, pistes et indices

Vous pourrez trouver lors de vos balades nature des traces d'animaux. Vous aurez alors un indice sur la présence de tel ou tel animal.
Certains mammifères ont l'habitude d'emprunter les mêmes pistes, aussi appelées coulées. Surveillez les branchages (écartés, cassés), les troncs (marquages, égratignures, odeurs) pour vous assurer qu'il s'agit d'une piste animale. Avec l'habitude, vous vous apercevrez que les coulées sont généralement nombreuses dans une forêt. Les autres indices de la présence de mammifères sont les restes de repas et les crottes.

À quel moment ?

La plupart des grands mammifères sont nocturnes. Vous ne les croiserez par hasard qu'au petit matin ou au crépuscule. À certaines périodes cependant, leur activité les oblige à sortir le jour. Par exemple le renard en mai et juin, quand une portée de renardeaux réclame sa pitance et que les parents doivent prendre plus de risques pour rapporter à manger au terrier.

Comment ?

La discrétion est votre meilleur atout : ne parlez pas trop fort, et prenez le temps de vous arrêter et de laisser la vie reprendre autour de vous. Certains mammifères peuvent s'observer à partir d'un affût : postez-vous près d'un terrier, en hauteur si possible, et avec un vent favorable. Si vous êtes discret, vous pourrez assister à leurs allées et venues et à leurs jeux.

UNE INCROYABLE DIVERSITÉ

Du fait de sa grande diversité de milieux et de reliefs, le Béarn abrite de très nombreuses espèces. Oiseaux des jardins, des forêts, d'altitude ou encore grand rapaces; les passionnés d'ornithologie ne manqueront pas de faire de belles observations.

Percnoptère d'Egypte

RAPACES DANS LE CIEL

Quasiment tous les rapaces évoluant en France sont observables dans les Pyrénées Atlantiques. Ils apprécient en effet la douceur du climat en hiver. Le vautour fauve est l'un des plus faciles à observer. Ce grand voilier avait failli disparaître suite à la chasse mais il est désormais protégé et ses populations sont plutôt en augmentation. Un sort qui n'est hélas pas partagé par le percnoptère d'Egypte et surtout pas par le très rare gypaète barbu, dont le statut suscite de vives inquiétudes. Gardez à l'esprit que les rapaces sont très sensibles au dérangement et qu'un randonneur imprudent peut interrompre un cycle de reproduction.

OISEAUX MIGRATEURS ET HIVERNANTS

Grâce à la variété de ses milieux naturels et la beauté de ses divers paysages, le Béarn est une destination touristique de choix... pour les oiseaux migrateurs. On peut y voir les oiseaux qui descendent du nord de l'Europe après leur nidification, puis qui remontent d'Afrique ou du bassin méditerranéen, à partir de mars. Le spectacle de ces grands nuages mouvants est alors extraordinaire.

Certains oiseaux ne sont pas que de passage. Appelés hivernants, ils s'installent ici pendant toute la saison froide. D'autres font une pause de quelques jours ou de quelques semaines au cours de leur périple, comme la bondrée apivore, les grues ou les oies.

UN PETIT SAUT EN ESPAGNE

De l'autre côté des Pyrénées, le climat est de type méditerranéen sec, et l'on peut alors voir de nouvelles espèces, typiques de ces milieux. Peut-être surprendrez-vous le vol coloré du guêpier ?

Canard colvert mâle

De l'autre côté des Pyrénées, le guêpier d'Europe affectionne les milieux secs et ensoleillés

Vautour Fauve

Corneille noire

Jeune merle noir

CONSEILS DU NATURALISTE

L'ornithologie est une science, mais aussi, pour de nombreux amateurs, une passion. Connaître et reconnaître les oiseaux suppose quelques connaissances de base (voir ci-dessous)... et de la pratique.

Migrateurs et nicheurs

Parmi les oiseaux, il y a les sédentaires et les migrateurs. Certains migrateurs comme le coucou ou le rossignol vont passer l'hiver très loin en Afrique, d'autres, appelés migrateurs partiels, se contentent, comme les grives, de changer de région ou de contrée pour avoir plus chaud ou trouver plus de nourriture.

Le chant des oiseaux

Le chant des oiseaux a une fonction essentiellement territoriale. Les concerts sont à leur maximum d'intensité au printemps, pendant la période nuptiale. En été, les oiseaux qui couvent se font plus discrets. Reconnaître le chant des oiseaux est bien utile mais exige de la patience !

Prise de bec

La morphologie d'un animal peut donner de précieuses indications sur son mode de vie. Ainsi, les oiseaux granivores sont équipés d'un bec court et épais alors que celui des oiseaux insectivores est plutôt fin et long.

Plumages

Les plumages peuvent s'avérer trompeurs quand l'oiseau mue. C'est pourquoi le milieu d'observation, la saison ainsi que les attitudes sont de très bons indices pour reconnaître un oiseau.

Observer et reconnaître un oiseau

Pour repérer un oiseau, fiez-vous plus à l'ouïe qu'à la vision. C'est pourquoi il est important de rester silencieux et attentif aux sons de la nature.
Vous souhaitez le regarder de près ? Cherchez-le à l'œil nu, portez les jumelles à vos yeux puis réglez-les (plutôt que de fouiller la végétation avec les jumelles sur le nez). En observant un oiseau, essayez de mémoriser les détails caractéristiques. Les personnes qui reconnaissent facilement les oiseaux ont également passé du temps le nez dans les livres.

NATURE ET LOISIRS DANS LE BÉARN

Pour aller plus loin dans la découverte, de nombreuses possibilités de sorties nature et de visites vous sont offertes dans cette petite sélection.

▶ Les organismes signalés par une flèche grise ont collaboré à ce guide.

▶ D'UNE MONTAGNE À L'AUTRE

En famille, en petits groupes, à pied ou en raquettes à neige, Gwénaëlle vous emmène sur ses sentiers secrets à la découverte des richesses nature en vallées de Gavarnie dans les Hautes-Pyrénées.
3, Chemin de Garcie, 65400 Aucun
06 51 99 92 41 -www.dunemontagnealautre.com

▶ BUREAU DES GUIDES DE PAU

Au pied des montagnes béarnaises et au cœur de la Cité des Pyrénées, le Bureau des Guides et Accompagnateurs de Pau regroupe des professionnels passionnés de montagne. Ils proposent des sorties nature thématiques : rapaces, marmottes, isards...
Cité des pyrénées 29 rue Berlioz 64000 PAU
07 82 46 33 54 - www.guides-pau.com

MIELLERIE DE LA MONTAGNE VERTE

Depuis le petit village d'Aas, montez à la Miellerie, située au pied de la Montagne Verte, Sylvia et Jean-Luc, apiculteurs transhumants, vous feront découvrir la fabrication du miel et la vie étonnante de l'abeille, par la visite d'un petit centre d'interprétation.
Visite libre.
Miellerie de la Montagne Verte,
Village d'AAS, 64440 EAUX-BONNES
05 59 05 34 94 - https://www.gourette.com/degustation/miellerie-de-la-montagne-verte/

GROTTE DE LA VERNA

Sur le plateau de la Pierre Saint Martin, découvrez la plus grande salle souterraine aménagée pour être visitée, dans le monde et dans laquelle une montgolfière vola en 2003. Visite découverte de la grotte, visites exploration rivière et visite sportive pour les adeptes de spéléologie.
SAS La Verna Pierre Saint-Marti,Espace d'accueil Arrakotchepia, Quartier Calla
64560 SAINTE ENGRACE (Bourg)
06 37 88 29 05 - www.laverna.fr

BIOUS PAGAYOU

Fred, guide de rivières passionné, effectue un retour aux sources avec des canoës canadiens. De juin à septembre, il vous fait découvrir le lac de Bious Artigues de manière ludique et conviviale. Locations à l'heure, balades contées et même cours d'orientation selon l'envie.
Lac de Bious Artigues
06 40 33 08 10 - http://www.canoe-pyrenees.com/

LA CABALINE, LES CHEVAUX DU LAC

Que ce soit sur les coteaux du Jurançon ou le long des lacs dans le Parc national des Pyrénées, cette association vous propose des randonnées équestres à l'heure, à la journée ou sur plusieurs jours.
Chemin de Larrimou
64290 AUBERTIN
05 59 82 70 79 - https://lacabaline.ffe.com/

CRÉDITS

Les auteur.ices

Sébastien Arriubergé (balade 3, 5, 13, 14, 15, 16, 17), Julien Courant (balade 6), Frédéric Delord (balade 1, 4, 8), Aurélie Escourrou (balade 18, 19, 20), Gwénaëlle Plet (balade 2, 7, 10, 11), Stéphane Martineau et relecture Gwénaëlle Plet (balade 9, 12).

Belles Balades éditions

Président : Alain Ged • **Directeur** : Yann Le Fichant • **Directrice de production éditoriale** : Agnès Gauzit • **Directeur éditorial** : Axel Vicq • **Responsable d'édition** : Marine Prémel • **Assistant.e.s d'édition** : Charlotte Thomas, Julien Pigeon • **Conception graphique et mise en pages** : Cécile Chatelin – Point de vue • **Photogravure** : Les Caméléons Paris – www.lescameleonsparis.fr • **Carte générale** : Marie-Sophie Putfin – Légendes Cartographie • **Cartes des balades** © Belles Balades éditions – Source : contributeurs OpenStreetMap • **Contenus multimédia** © Belles Balades éditions

Remerciements

Merci à l'ensemble des auteur·ices pour la qualité de leur travail et l'enthousiasme dont ils et elles ont fait preuve durant la réalisation de cet ouvrage. Merci également aux photographes qui, grâce à leurs clichés, nous ont permis de rendre hommage aux paysages du Béarn.

Malgré le soin apporté à cette édition, elle ne saurait être parfaite.
N'hésitez pas à nous écrire pour nous faire part de vos remarques :
contact@bellesbalades.com

Crédits photo

Couverture : © SONNET SYLVAIN / HEMIS

Intérieur : p. 1 © PHILIPIMAGE / Shutterstock • pp. 10-11 © lzf / Shutterstock • p. 12 © Jacques Brouste• pp. 14-15 © Dominique / AdobeStock • pp. 16-17 © sirtravelalot / Shutterstock • p. 18 © Gwenaelle Plet • p. 20 © Gwenaelle Plet • p. 22 © PHILIPIMAGE / Shutterstock • p. 24 © Sébastien Arriubergé • pp. 26-27 Franjagoher / AdobeStock • p. 28 © pedrosala / Shutterstock • p. 30 © Delord-Frédéric • pp. 32-33 © pedrosala / Shutterstock • p. 36 © séb_compiegne / AdobeStock • p. 39 © Julien Courant • pp. 40-41 © pedrosala / Shutterstock • p. 42 © Gwenaelle Plet • p. 44 © Gwénaëlle Plet • pp. 46-47 © Magali Silva • p. 49 © Magali Silva • p. 50 © Gwenaelle Plet • p. 52 © Gwenaelle Plet • pp. 54-55 © LIMA Charles • p. 56 © Gwénaëlle Plet • p. 58 © Gwénaëlle Plet • p. 60 © Gwénaëlle Plet • p. 63 © Gwénaëlle Plet • pp. 64-65 © Bojan Milinkov • p. 66 © AudreyChaguet • p. 68 © Xavie • p. 70 ©Philippe MIGNOT • p. 73 © Sébastien Arriubergé • pp. 74-75 © Wildpix productions / Shutterstock • p. 76 © Frédéric Walgenwitz • p. 79 © Sébastien Arriubergé • p. 80 © M-D Chaisemartin • pp. 82-83 © M-D Chaisemartin • pp. 84-85 © Richard Semik / AdobeStock • p. 86 © Richard Semik / AdobeStock • pp. 88-89 © Richard Semik / AdobeStock • p. 90 © Sébastien Arriubergé • p. 92 © Sébastien Arriubergé • p. 94 © Lubereilh Fabienne • p. 97 © Aurélie Escourrou • p. 98 © Aurélie Escourrou • p. 101 © Aurélie Escourrou • pp. 102-103 © Aurélie Escourrou • p. 105 © Aurélie Escourrou • pp. 106-107 © Michel Fernandez• p. 122 © bodsa / Pixabay

Illustrations de la faune et de la flore

Traitement artistique Belles Balades éditions.

Belles Balades

16 avenue David Dellepiane, 13007 Marseille
104 rue Alexandre Dumas, 75020 Paris
www.bellesbalades.com • contact@bellesbalades.com

ISBN : 978-2-84640-536-2 • Dépôt légal : 1er trimestre 2022

Imprimé en France par Imprimerie de Champagne en mars 2022

PEFC 10-31-3162